BAND 2

Sigrun Eder
Daniela Klein
Michael Lankes

Machen wie die Großen

Was Kinder und ihre Eltern über Pipi und Kacke wissen sollen

Bibliografische Information der Deutschen Nationalbibliothek
Die Deutsche Nationalbibliothek verzeichnet diese Publikation in der Deutschen
Nationalbibliografie; detaillierte bibliografische Daten sind im Internet über
http://dnb.d-nb.de abrufbar.

Geschlechtsspezifische Schreibweise

Das vorliegende Buch verwendet wiederholt eine geschlechtsneutrale Schreibweise. Wenn
z.B. vom „Spezialist" oder vom „Arzt" die Rede ist, wird hierunter auch die „Spezialistin"
und die „Ärztin" verstanden".

Markenschutz

Dieses Buch enthält eingetragene Warenzeichen, Handelsnamen und Gebrauchsmarken.
Wenn diese nicht als solche gekennzeichnet sein sollten, so gelten trotzdem die entspre-
chenden Bestimmungen.

Besonderer Hinweis

Das vorliegende Buch wurde sorgfältig erarbeitet. Dennoch erfolgen alle Angaben ohne
Gewähr. Weder Autoren noch Verlag können für eventuelle Nachteile oder Schäden, die aus
den im Buch vorliegenden Informationen resultieren, eine Haftung übernehmen. Befragen
Sie im Zweifelsfall bitte Arzt oder Therapeuten.

2. Auflage	April 2013
© 2010–2013	edition riedenburg
Verlagsanschrift	Anton-Hochmuth-Straße 8, 5020 Salzburg, Österreich
Internet	www.editionriedenburg.at
E-Mail	verlag@editionriedenburg.at
Website zum Buch	www.vollehose.com

Lektorat	Dr. Heike Wolter, Regensburg
Fachlektorat	Dr. med. Anna Radinger
Satz und Layout	edition riedenburg
Herstellung	Books on Demand GmbH, Norderstedt

ISBN 978-3-902647-26-9

Inhalt

Hallo!

Ich bin Lola. Endlich ist die Windel-Zeit für mich vorbei! Jetzt heißt es: Froh, froh, froh – rauf aufs Klo! Wie sieht es eigentlich bei dir mit dem Klogehen aus? Machst du schon wie die Großen? Falls nicht, dann probiere doch einfach meine Tipps aus:

Prüfe, ob du auch wirklich bequem am Töpfchen/am Klositz-verkleinerer sitzt. Zwicken und Zwacken darf es nämlich nicht. Spüre außerdem, was dein Körper dir sagen möchte. Wie fühlt es sich an, wenn das Pipi raus will? Und wie, wenn die Kacke den Weg nach draußen sucht?

Wenn du das bestimmte „Ich muss mal"-Gefühl hast, solltest du die Windel rasch abmachen und darauf gespannt sein, was im Töpfchen/im Klo landet. Du wirst sehen, mit ein wenig Übung hast du schon bald tolle Erfolge und deine Hose bleibt trocken und sauber!

Denk bitte trotzdem daran, dass noch kein Pipi- und Kack-meister vom Himmel gefallen ist. Kleinere und größere „Unfälle" gehören einfach dazu. Die sind aber halb so schlimm, wenn du viele gemütliche Unterhosen im Schrank hast. Nimm dir die Zeit, die du brauchst, um zu einem Experten/zu einer Expertin für Pipi und Kacke zu werden. Und freu dich gemeinsam mit deinen Eltern, wenn du es endlich geschafft hast und eine stolze Klo-Königin/ein stolzer Klo-König geworden bist!

Viel Spaß auf dem Königsthron wünscht dir deine

Lola

Lola wird
Klo-Königin

Lola ist ein pfiffiges, fröhliches Mädchen mit Pferdeschwänzen. Besonders gern mag sie dunkle Schokolade. Manchmal sieht auch ihre Kacke sehr danach aus. Das passiert, wenn sie einige Stunden im Sitzen gespielt hat und die Kackwurst in ihrer Windel ganz plattgedrückt worden ist. Doch das stört Lola überhaupt nicht. Denn Lola findet es spitze, gleichzeitig kacken und Spaß haben zu können.

Durch das Tragen einer Windel muss Lola auch nie darauf achten, ob sie pinkeln muss. Denn die Windel saugt das Pipi wie ein Schwamm auf. Daher tut Lola, wonach ihr ist. Und ihr Körper macht das, was er tun muss. Egal, welche aufregenden Dinge in Lolas Welt geschehen. Und wenn die Kacke den Popo etwas wundgescheuert hat, lindert die Mama mit ihrem Zauberpuder den Schmerz. So war es bisher.

Heute ist Lola, wie fast jeden Morgen, guter Laune. Sie hält still und wartet. Nämlich darauf, dass die Mama ihr die alte Windel gegen eine frische auswechselt. Doch diesmal ist alles anders. Anstatt eine trockene Windel aus dem Schrank zu nehmen, sagt Mama: „Meine Süße, lass es uns doch mal ohne Windel probieren."

Lola ist verwundert. Sie weiß nicht, was Mama genau meint. Bevor sie aber nachfragen kann, zeigt Mama ihr etwas weiß-schwarz Gestreiftes. Auf den ersten Blick ähnelt es einem Blumentopf oder Azibo, dem Zebra aus dem Zoo.

„Was ist das? Was kann man da reinmachen? Ist das für mich?" Die Fragen purzeln aus Lola heraus wie Murmeln aus der Hosentasche. Mama lächelt. Sie freut sich über ihre neugierige Tochter.

„Das ist ein Topf, Lola. Da pinkelst und kackst du rein, wenn dein Körper es dir sagt. Danach leerst du entweder dein Pipi, deine Kacke oder beides in die Toilette. Am Schluss drückst du den Spülknopf und alles wird mit Schwung in die Kanalisation* gespült."

Lola runzelt die Stirn und fragt mit leiser Stimme: „Aber was ist dann mit meiner Windel? Ich mag meine Windel." Mama nimmt Lola in die Arme und flüstert ihr ins Ohr: „Verabschiede dich von ihr. Sie hindert dich am schnellen Laufen. Du vergisst ihretwegen, auf deinen Körper zu hören. Überleg es dir!"

Dann zieht Mama Lola wieder eine Windel an. Und Lola tut den ganzen Tag das, was sie immer tut: spielen mit Bauklötzen, Autos und Puppen, malen, essen, trinken, pinkeln, kacken und ein Schläfchen machen.

Erst abends, als Lola mit einer frischen Windel für die Nacht gemeinsam mit ihren Kuscheltieren im Bett liegt, denkt sie an Mamas Worte. Kurz darauf schläft sie ein. Sie träumt davon, auf Azibo durch Afrika zu reiten. Das ist ein Kontinent wie Europa und riesengroß. Das Zebra zeigt Lola all seine Freunde und gemeinsam geht es durch die Nacht. Kurz bevor Mama Lola aufweckt, bringt Azibo sie in ihr Kinderzimmer zurück und galoppiert davon.

Lola will rasch aus dem Bett hüpfen und Mama beim Frühstück von ihrer nächtlichen Reise erzählen. Doch Lola, die noch nie zuvor geritten ist, spürt einen Muskelkater in den Beinen und ihr Po fühlt sich wund an.

Nachdem Mama Lola im Bad von der nassen Windel befreit hat, will sie ihr keine trockene mehr anziehen. Stattdessen reicht sie ihr mit einem aufmunternden Lächeln den Zebra-Topf.

Da beginnt Lola zu schimpfen: „Meine Beine tun weh. Mein Po ist vom vielen Reiten heute Nacht wund. Den Topf kenne ich nicht. Und ich mag ihn auch nicht. Ich will nicht!"

Die Mama zieht die Augenbrauen hoch und meint beim Rausgehen leise: „Ach Lola, du bist wohl um keine Ausrede verlegen!" So bleibt Lola ohne angezogene Windel zurück. Und mit ihr auch die Traurigkeit. Denn Lola hat das Gefühl, dass Mama sie nicht richtig versteht. Sie hat doch nichts gegen den neuen Topf. Sie möchte ihn nur nicht heute benutzen.

Vor lauter Aufregung merkt Lola erst jetzt, dass sie Pipi machen muss. Eine Windel kann sie sich selbst nicht holen. Mama hat sie ganz oben im Schrank eingeräumt und so weit reichen Lolas Kinderhände nicht.

Das Klo kann sie auch nicht benutzen. Ihr Popo ist für die Klobrille noch zu klein. Und der Topf? „Den nehme ich bestimmt nicht", sagt Lola mit einer grummeligen Bärenstimme und schaut ihn finster an. Lola weiß nun, was sie alles nicht möchte und wofür sie zu klein ist. Doch sie hat keine Ahnung, wo und wie sie Pipi machen soll.

Lola entscheidet sich, das Pipi vorerst zurückzuhalten. Das ist zwar unangenehm und zwickt gehörig, aber immerhin muss sie Mama nicht um eine Windel bitten. Still und heimlich zieht sie sich die Unterhose mit dem süßen Bärchenmuster an, die Mama extra als Ersatz für die Windel besorgt hat.

Beim Frühstück spricht Lola wenig und schlürft ihren Kakao. Etwas lauter als sonst, damit sie Mama ein wenig ärgern kann.

Dann besucht sie ihren Freund Leo. Dass sie Pipi machen muss, hat Lola inzwischen wieder vergessen. Im Garten ist es heiß und die Mama von Leo bringt ihnen einen kühlen Saft.

Als Lola und Leo vom vielen Toben müde sind, spielen sie etwas Neues. Sie probieren aus, wer von ihnen beiden den anderen durch Grimassenschneiden am schnellsten zum Lachen bringt. Zuerst zeigt Leo gruselige Gesichter. Da fällt es Lola ganz leicht, ernst zu bleiben. Als Leo jedoch die Augen verdreht, seine Nase zu einem Schweinchen-Rüssel hochzieht und unerlaubterweise „Oink, oink" macht, ist es mit Lolas Beherrschung vorbei. Die Mundwinkel ziehen sich nach oben und sie schüttelt und kugelt sich vor Lachen. Zu komisch ist das, was Leo macht.

Plötzlich bricht Lolas Lachen ab. Sie wird ganz leise. Verwirrt blickt sie auf ihre Kleidung hinab. Sie spürt, wie ihr Pipi zwischen den Beinen die Strumpfhose entlang läuft. Sie sieht, wie das Pipi nasse Spuren zurücklässt.

Lola wird rot wie eine Tomate und läuft schnell davon. Sie hat Angst, dass Leo sie auslacht oder etwas Gemeines sagt. Zu Hause stürmt Lola an Mama vorbei ins Bad und zieht sich allein aus. Wie gut, dass sie ein Kleid mit großen Knöpfen hat und dass sie bei Mama gesehen hat, wie man Toilettenpapier benützt.

Wenig später legt sie sich nackig, aber trocken ins Bett und zieht sich die Decke weit über den Kopf. Warum? Lola schämt sich, weil sie sich angepinkelt hat. Noch dazu vor Leo. Sie ist felsenfest davon überzeugt, dass Leo sich nun vor ihr ekelt. Denn wer bitteschön möchte mit jemandem befreundet sein, der sich anpinkelt? Beim Gedanken daran, nicht mehr mit Leo spielen und toben zu können, muss Lola weinen.

Mama hat gemerkt, dass mit Lola etwas nicht stimmt. Sie kommt ins Kinderzimmer und fragt Lola, was passiert ist. Lola erzählt und Mama hört aufmerksam zu.

Dann versucht Mama, Lola zu beruhigen und meint: „Du hattest einen Pipi-Unfall. Das kann vorkommen. So etwas passiert, wenn man sich das Pipimachen zu lange verdrückt." Außerdem sagt sie: „Weil du deinen Topf nicht ausprobieren willst, habe ich dir etwas Neues mitgebracht. Es ist ein kleiner Thron für das Klo. Da kannst du pinkeln und kacken wie eine Königin."

Nachdem Mama Lolas Tränen getrocknet und ihr beim Anziehen geholfen hat, gehen die beiden zur Toilette. Denn Lola will den Thron sehen. Der Thron verkleinert die Klobrille und ist lila. Vor der Toilette steht eine Fußbank in derselben Farbe. Mama deutet darauf und sagt: „Bis du größer wirst, kannst du die Fußbank wie eine Treppe benutzen. Sie soll dir helfen, alleine und ohne Hilfe das Klo von uns Erwachsenen zu benützen."

An diesem Abend möchte Lola ohne Windel zu Bett gehen. Sie zieht unter ihrem Schlafanzug eine Bärenunterhose an und so wird ihr Popo wunderbar warm gehalten.

Später in der Nacht träumt sie, eine Königin zu sein. Sie sitzt in einem schönen Kleid gemütlich auf ihrem Thron und lauscht dem Geschichtenerzähler aus einem fernen Land. Das Zuhören fällt ihr leicht, denn ihr Thron ist bequem und Lola sitzt gut.

Irgendwann wacht sie auf, weil sie etwas drückt. Nein, eine Erbse hat
sie nicht im Bett. Doch sie merkt, dass ihr Körper Pipi machen will. Sie
schlägt die Decke zurück und krabbelt aus dem Bett, um auf ihren
Zebratopf zu gehen. Dann hört sie ihr Pipi laut in den Topf plätschern.

„Ein schönes Gefühl, wenn es nicht in die Hose geht", denkt sie. Lola
ist mächtig stolz, als sie sich wie- der in ihre flauschige Bettdecke ku-
schelt.

Am Morgen geht sie als Erstes zur Toilette und besich-
tigt ihren Thron. Als sie ihn ausprobiert hat, sagt sie
zu Mama mit einem Strahlen im Gesicht: „Ich
fühle mich wie eine echte Königin!"

Gewusst wie!

1) Was ist eine Windel?

---

2) Was ist ein Topf?

---

3) Warum pinkelt Lola in ihre Hose?

---

4) Was ist ein Kindersitz für das Klo?

Die Auflösung der Fragen findest du ab Seite 60!

Lola als Körperdetektiv

Lola war müde. Sie hatte einen langen, spannenden Tag hinter sich: Auch im Kindergarten wurde heute über das Pinkeln und Kacken gesprochen. Dort ist ein Biologielehrer zu Besuch gekommen und hat erklärt, was Verdauung eigentlich bedeutet. Und was so eine Nudel, wenn sie einmal im Mund gelandet ist und heruntergeschluckt wird, alles erlebt, bevor sie als Kacke in der Toilette landet. Lola hat ihre Ohren gespitzt und dem Mann aufmerksam zugehört.

Abends zog sie ihren Bärchenschlafanzug an, putzte sich die Zähne, ging noch einmal auf die Toilette und sank schließlich auf ihre Matratze. Nach dem Gute-Nacht-Sagen rief Mama ihr noch zu: „Träum was Schönes!" Oh ja, das würde sie …

Wenig später, als sie schon tief schlummerte, sah Lola wieder den freundlichen Biologielehrer aus dem Kindergarten vor sich sitzen. Er hatte gerade davon erzählt, was bei der Verdauung im Körper passiert.

Jetzt zog er eine Karte aus der Tasche. „Hier, Lola", sagte er, „das ist ein Gutschein für eine kleine Reise durch den Körper. Wenn du möchtest, kannst du den Weg vom Mund bis zur Ausscheidung des Essens mitmachen, ohne dass dir dabei etwas passiert. Du kannst wie ein kleiner Detektiv mitreisen und dir alles anschauen. Alles, was ich dir über die Verdauung erzählt habe, kannst du dann auch erleben. Möchtest du das?"

Lola nickte begeistert, zögerte aber noch kurz. „Und mir wird sicher nichts passieren?", fragte sie. „Ganz bestimmt nicht", versicherte der Biologielehrer noch einmal. „Du bist nach dieser Reise genauso gesund und munter wie jetzt und um eine tolle Erfahrung reicher!"

Lola war jetzt aufgeregt. Sie wollte sehr gern eine kleine Körperdetektivin sein! Kaum hatte sie das gedacht, sah sie in ihrem Traum einen Teller Nudeln vor sich. Die Nudeln tummelten sich fröhlich in der Tomatensauce, und auf einmal stellte Lola fest, dass sie sich mitten unter ihnen befand. Sie war ein bisschen bekleckst von der Sauce und sah selber wie eine Nudel aus.

„Hee, du …", piepste eine kleine Nudel neben ihr, „weißt du, was da immer wieder in uns herumstochert?" Lola schaute sich um. Tatsächlich, da pickte ein vergnügter Junge immer wieder einige Nudeln auf die Gabel und nahm sie in den Mund. „Ich möchte so gerne wissen, was dahinter passiert", piepste die kleine Nudel immer aufgeregter. „Dann lass uns zusammen auf die Gabel springen!", sagte Lola, „Ich glaube, ich weiß, was da passiert."

Gesagt, getan: Lola und die Nudel hüpften schon bald auf die Gabel und fuhren wie auf einem Lift in die Höhe. „Wir machen jetzt eine kleine Verdauungsreise", erklärte Lola der Nudel, die ein wenig verdutzt guckte.

„Was bedeutet eigentlich ‚Verdauung'?", fragte die Nudel Lola. „Verdauung ist das, was passiert, wenn die Nahrung in den Mund aufgenommen wird, bis sie wieder als Kacke aus dem Körper ausgeschieden wird. Alles, was wir essen, wird im Körper verarbeitet. Er sucht sich alles raus, was er von der Nahrung gebrauchen kann, und gibt den Rest wieder nach draußen ab."

Als Lola das gerade erklärt hatte, wurde es dunkel um sie herum. Sie befanden sich in einer warmen, glitschigen Höhle. „Siehst du", flüsterte Lola, „hier in der Mundhöhle wird alles von den Zähnen zerkleinert." Und tatsächlich, die Zähne bissen auf dem Essen herum. Zusätzlich mischte sich noch eine leicht wässerige Flüssigkeit dazu. „Das ist die Spucke, die man auch Speichel nennt", erklärte Lola. „Die sorgt dafür, dass wir gut weiterrutschen können."

Plötzlich ging es für Lola und die zerkleinerte Nudel in einem Rutsch bergab durch einen schmalen Tunnel. „Das ist die Speiseröhre, durch die werden wir in den Magen geschoben." Kaum hatte sie das gesagt, landeten sie in einem faltigen Sack, in dem sich bereits ein ganzer Brei von Nudel-, Tomaten- und auch Salatstückchen befand.

„Igitt, hier riecht es aber sauer!", quietschte die kleine Nudel. „Das ist die Mischung aus Magensäure und Magensaft, beide zerlegen den Nahrungsbrei in lauter Ministückchen und töten böse Bakterien* ab", verriet Lola, während der Brei kräftig durchgewalkt wurde.

Nach einiger Zeit ging im hintersten Winkel ein Loch auf, durch das sie von den Magenwänden hinausgeschoben wurden. „Was passiert denn hier?", fragte ein Stückchen der aufgeregten Nudel, als es an Lola vorbeigepresst wurde.

„Dieses komische Loch, das immer wieder auf- und zugeht, heißt Pförtner. Er ist der Eingang in den Dünndarm."

Beim Weitertransport durch den Dünndarm wurden sie dauernd bearbeitet und gekitzelt, so als ob man nach dem Baden mit einem flauschigen Handtuch abgerubbelt wird. „Du spürst die Zotten, die sind so etwas wie kleine Fingerchen an der Innenseite des Dünndarms. Die Zotten nehmen alle brauchbaren Bestandteile aus der Nahrung auf und lassen sie durch die Darmwand ins Blut wandern", prustete Lola.

Wieder erreichten sie über eine Engstelle einen neuen Darmabschnitt. Die Wände waren glatt, und es roch irgendwie nach Furz.

„Was ist das jetzt schon wieder?", piepste es von irgendwoher. „Das ist der Dickdarm", erklärte Lola.

Im Dickdarm roch es nicht nur seltsam, sondern es wurde auch unangenehm trocken und irgendwie seltsam lebendig um sie herum. „Über den Dickdarm holt sich der Körper das Wasser wieder zurück, das er braucht. Das Gewimmel, das sind die gesunden Darmbakterien, die wohnen hier und helfen dem Körper gesund zu bleiben. Ob unsere Kacke flüssig ist oder sich hart und schmerzhaft anfühlt, hängt von unserer Ernährung und der Gesundheit des Darms ab."

Plötzlich kam die ganze, mittlerweile fester gewordene Masse zum Stillstand. „Warte nur", riet Lola, „Geduld, wir sind jetzt im Mastdarm*, wo die Kacke wartet, bis der Mensch aufs Klo muss. Das kann mehrere Stunden dauern."

Aber dieses Mal dauerte es gar nicht lange: Der Brei hatte sich nach der langen Reise gerade an die Ruhe gewöhnt, als es ein letztes Mal einen heftigen Ruck gab und der anfangs so saftige Brei als wunderschöne Wurst in einer Kloschüssel landete.

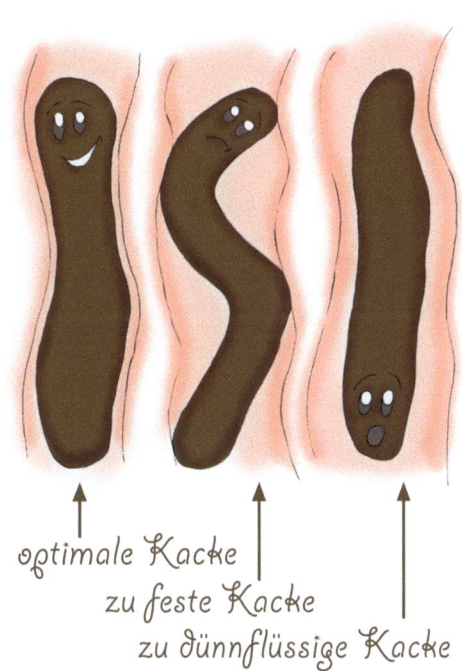

optimale Kacke
zu feste Kacke
zu dünnflüssige Kacke

„Puh, war das aufregend", rief das, was von der kleinen Nudel noch übrig war. „Aber warum ist ein Teil von uns überhaupt wieder rausgekommen?"

Lola guckte sich neugierig in der Kloschüssel um, bevor sie antwortete: „Der Körper hat sich alles, was er gebrauchen kann, aus dem Nahrungsbrei herausgesucht. Das, was jetzt noch von Nudeln, Tomatensauce und Salat übrig ist, ist für den Körper eine Art Abfall, die er nicht mehr braucht."

„Ach so", sagte die Nudel, die inzwischen Teil der großen, braunen Kringel-
wurst war, „das war eine spannende Reise! Danke, jetzt weiß ich, was Verdauung ist."

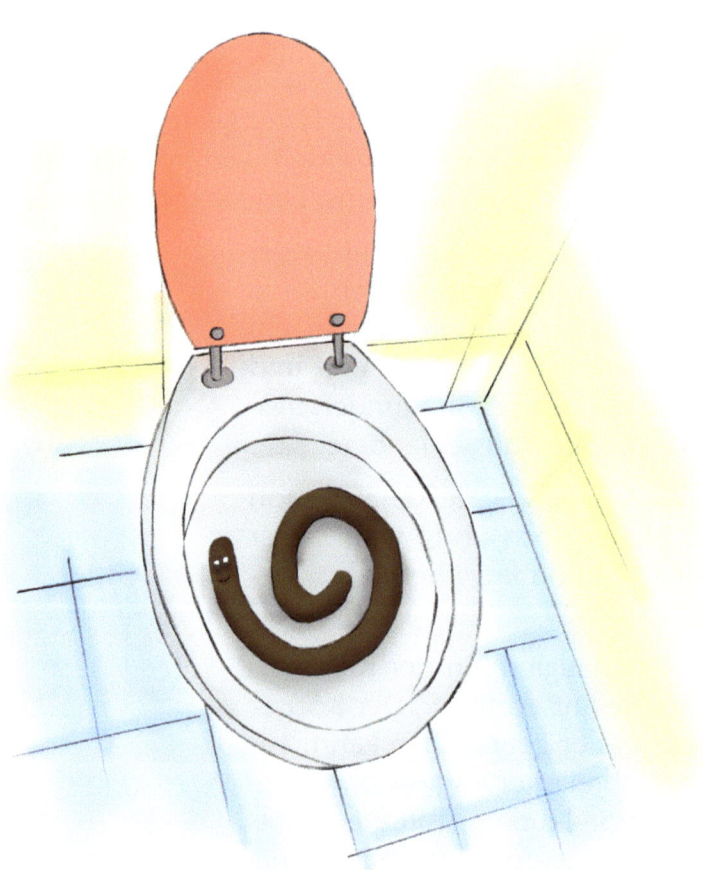

Gewusst wie!

5) Was bedeutet Verdauung?

6) Wofür ist Spucke gut?

7) Welche Aufgabe hat die Magensäure?

8) Was passiert im Dünndarm?

9) Was geschieht mit der Nahrung im Dickdarm?

10) Warum wird ein Teil des Essens als Kacke ausgeschieden?

Die Auflösung der Fragen
findest du ab Seite 62!

Weshalb müssen Menschen essen und trinken?

Damit der Körper funktioniert, benötigt er Energie. Diese holt er sich aus Nahrungsmitteln, die der Mensch zu sich nimmt. Regelmäßiges, ausreichendes Essen und Trinken ist für Menschen genauso wichtig wie ein voller Tank für ein Auto. Denn ohne Kraftstoff fährt das Auto nicht.

Erwachsene benötigen Kraft, um arbeiten oder sich gut um ihre Kinder kümmern zu können. Jungen und Mädchen spielen, basteln, toben, laufen und lernen ständig neue Dinge. Ohne Kraft geht das alles nicht. Haben sie zu wenig davon, fühlen sich Kinder und Erwachsene schlapp, erschöpft, müde, freudlos und haben schlechte Laune.

Gemüse, Obst, Getreide, Milch, Käse, Joghurt, Fleisch und Fisch sind Nahrungsmittel, die dem Körper Kraft geben.

Auch Flüssigkeit ist für den Körper ganz wichtig. Flüssigkeit bekommt er durch Wasser, Tee und Fruchtsaft.

Achte darauf, dass deine Getränke kaum bis gar keinen Zucker enthalten.

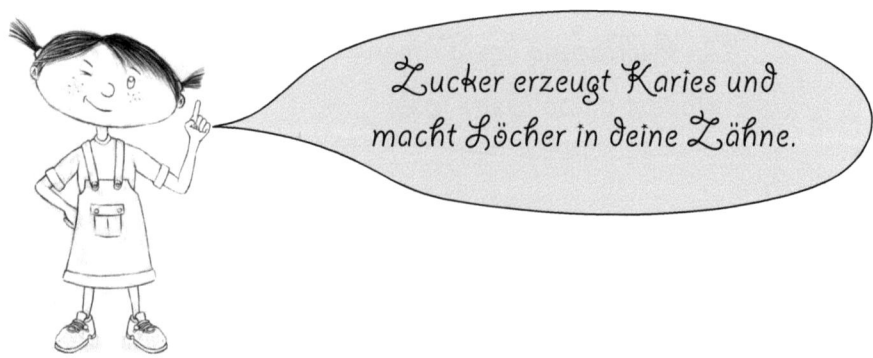

Zucker erzeugt Karies und macht Löcher in deine Zähne.

Wie kommt Pipi in den Körper?

Wie du jetzt weißt, holt sich der Körper aus der Nahrung alles heraus, was er benötigt. Dabei bleiben immer Bestandteile übrig, die der Körper nicht gebrauchen kann. Das sind die Abfallstoffe, welche sowohl bei der Verarbeitung von Essen als auch von Flüssigkeit (Getränke und Flüssigkeit aus Nahrungsmitteln und Speisen, z.B. Obst, Suppe) entstehen.

Die bei der Verdauung entstehenden Abfallstoffe werden ins Blut befördert und das Blut bringt sie dann zu den Nieren*. Die Nieren säubern das Blut, das heißt, sie holen die Abfallstoffe und überflüssiges Wasser aus dem Blut heraus. Sie übernehmen damit eine sehr wichtige Aufgabe. Ohne die Arbeit der Nieren würde dein Körper sich vergiften und krank werden.

Aus den Abfallstoffen und dem überschüssigen Wasser wird Pipi. Pipi nennt man auch Urin*. Der Urin fließt über die Harnleiter* in die Blase. Die Blase speichert das Pipi und dehnt sich aus wie ein Luftballon. Die Blase eines Erwachsenen kann bis zu einem Liter Pipi aufnehmen! Kleine Kinder können immerhin schon ein mittelgroßes Glas Pipi in der Blase speichern.

Der Körper benötigt genügend Flüssigkeit, damit er die Abfallstoffe ausscheiden kann. Damit der Körper ausreichend viel Wasser hat, ist es wichtig, dass du regelmäßig trinkst. Du kannst dir zum Beispiel ein Glas Wasser auf den Schreibtisch oder in deine Spielecke stellen und es regelmäßig leer machen und wieder auffüllen.

Gut ist, wenn du dir angewöhnst zu trinken, schon bevor du Durst bekommst. Am besten trinkst du in regelmäßigen Abständen über den Tag verteilt.

Wie kommt Kacke in den Körper?

Denk an dein Lieblingsessen. Um es zu essen, musst du es dir in den Mund stecken.

Im Mund kommt Spucke dazu, damit alles besser in die Speiseröhre rutscht.

Die Magensäure und der Magensaft zerkleinern das Essen zu einem feinen Brei und töten böse Bakterien ab, weil diese den Menschen krank machen können.

Das zerkleinerte Essen wandert dann in den Darm. Im Dünndarm wird dem Nahrungsbrei durch die Zotten – also die kleinen Fingerchen an der Innenseite des Dünndarms – alles entnommen, was der Körper noch gebrauchen kann.

Als Nächstes wird der Nahrung im Dickdarm die Flüssigkeit entzogen. Aber nur so viel, dass der Essensbrei noch eine zusammenhängende Masse bleibt. Das, was dann übrig bleibt, ist die Kacke.

Wenn du deine ausgeschiedene Kacke im Topf oder im Klo ansiehst, wirst du meistens nicht mehr erkennen können, was du zuvor gegessen hast. Dein Körper verwandelt Essen von selbst in Kacke. Dieser Vorgang wird Verdauung genannt. Er beginnt, wenn du Essen im Mund kaust. Er ist zu Ende, wenn aus dem Essen Kacke geworden ist.

Während der Körper das Essen verdaut, kannst du zur selben Zeit spielen, basteln, reden, gehen, zeichnen oder schlafen und musst gar nicht daran denken. Denn dein Körper steuert dies ganz von alleine!

Warum ist Pipi gelb und flüssig?

Pipi ist eine Flüssigkeit, die durchsichtig bis dunkelgelb aussehen kann. Egal, ob du roten Saft (z.B. Erdbeer-, Johannisbeer-, Blutorangen-, Kirschsaft), gelben Saft (z.B. Apfel- oder Ananassaft), Cola oder Wasser trinkst: Pipi ist immer gelb. Manchmal heller, manchmal dunkler. Das kommt daher, dass der Körper alle Getränke im Körper verarbeitet. Er wandelt Flüssigkeit in einzelne Bestandteile um. Manche davon behält er, manche nicht. Die Stoffe, die er wieder ausscheidet, also die Abfallstoffe, kommen mit dem Pipi wieder heraus.

Zu dem Gemisch aus überschüssigem Wasser und Abfallstoffen kommt der Blutfarbstoff* hinzu, der in den roten Blutkörperchen drin ist. Von diesem Farbstoff wird jeden Tag die gleiche Menge abgebaut.

Wenn wir viel trinken, wird das Pipi heller, da sich der Farbstoff mit ganz viel Wasser vermischt. Wenn wir wenig trinken, ist das Pipi dunkler. Dunkles Pipi duftet stärker nach Pipi als helles Pipi.

viel helles Pipi: sehr gut!

wenig dunkles Pipi: Mehr trinken!

Hat dein Pipi die Farbe braun oder rot, dann ist etwas anders als sonst. Dann solltest du unbedingt zum Arzt/zur Ärztin gehen, um dein Pipi untersuchen zu lassen.

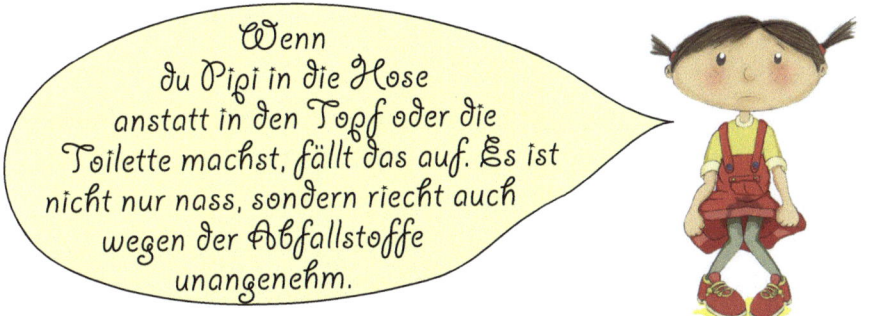

Wenn du Pipi in die Hose anstatt in den Topf oder die Toilette machst, fällt das auf. Es ist nicht nur nass, sondern riecht auch wegen der Abfallstoffe unangenehm.

WARUM IST KACKE BRAUN UND KANN STINKEN?

Kacke sieht meistens wie eine Wurst und manchmal wie kleine Böhnchen aus. Die normale Kacke ist wohlgeformt und mittelfest.

Meistens ist Kacke braun. Verschiedene Lebensmittel können jedoch die Farbe der Kacke verändern. Zum Beispiel wird die Kacke umso dunkelbrauner, je mehr Fleisch man isst. Spinat färbt die Kacke grünlich. Mais ist in der Kacke sichtbar, weil die ungekauten Körner im Ganzen wieder rauskommen.

Kacke kann auch stinken. Der unangenehme Geruch kommt von bestimmten Stoffen, die bei der Verdauung im Darm entstehen. Manchmal müssen Kinder und Erwachsene pupsen. Denn bei der Umwandlung von bestimmtem (z.B. Wassermelone, Zwiebel, Kohl) oder zu vielem Essen in Kacke entstehen oft stinkige Darmgase. Diesen speziellen, unangenehmen Duft kannst du Geister-Kacke nennen, weil er unsichtbar ist und wie Kacke riecht.

Flitze-Kacke ist ein anderes Wort für Durchfall. Dieser entsteht durch Stress, ungesunde Ernährung oder Krankheit. Durchfall kann auch entstehen, wenn Personen ein bestimmtes Essen nicht vertragen haben. Typisch für Flitze-Kacke ist, dass man häufiger als normal – über dreimal täglich – für das große Geschäft zur Toilette eilen muss. Weil die Kacke so stark drängt, kann sie oftmals nur schwer oder überhaupt nicht mehr zurückgehalten werden. Dann läuft die Flitze-Kacke einfach in die Hose. Das kann passieren!

Ist durch gesunde Ernährung und ausreichend Bewegung dein Körper und damit auch deine Kacke gesund, benötigst du beim Popoputzen weniger Klopapier.

Warum müssen Pipi und Kacke aus dem Körper raus?

Pipi und Kacke müssen wieder aus dem Körper raus. Warum? Weil dein Körper mit ihnen nichts anfangen kann. Pipi und Kacke sind für ihn Abfall. Außerdem kann das längere Zurückhalten von Pipi und Kacke deinen Körper krank machen.

Das Pipi wird in der Blase gesammelt. Verdrücken sich Kinder das Pipimachen, wird der Platz in der Harnblase immer weniger. Ist kein Platz mehr für das restliche Pipi vorhanden, läuft es in die Harnröhre* und dann in die Unterhose. Das passiert, weil der Schließmuskel das Pipi nicht mehr in der Blase zurückhalten kann.

Sagt jemand: „Meine Blase platzt", dann meint die Person, dass sie das Pipi nicht mehr durch das Anspannen des Schließmuskels halten kann. Deshalb benötigt sie ganz rasch einen ungestörten Ort zum Pipimachen – unterwegs zum Beispiel einen Baum.

Bleibt deine Kacke zu lange im Körper, bekommst du Bauchschmerzen. Oder Kacke wird, wenn du zu wenig trinkst oder dich falsch ernährst, im Darm hart und rutscht dadurch schlecht weiter. Auch kann es passieren, dass die alte Kacke der neuen den Weg nach außen versperrt. Das nennt man dann Verstopfung. Bei einer Verstopfung ist es manchmal schwierig und ein wenig schmerzhaft, die Kacke auszuscheiden.

Übrigens, Verstopfung tritt auch bei zu wenig Bewegung auf.

WANN SCHICKEN PIPI UND KACKE DEM GEHIRN EINE NACHRICHT?

Damit Pipi und Kacke nicht in die Unterhose kommen, musst du sehr aufmerksam sein.

Ob du pinkeln oder kacken musst, sagt dir dein Körper.

Getränke werden zu Pipi. Flüssigkeit, die du beispielsweise durch Obst, Wasser-Eis oder Soßen zu dir nimmst, wird ebenso zu Pipi. Der Körper behält sich so viel Flüssigkeit zurück, wie er benötigt.

Ein Teil der Flüssigkeit bleibt auch in dem Essensbrei, der zu Kacke wird. Die Kacke wäre sonst zu trocken und zu fest. Dadurch wäre es schwieriger und manchmal auch schmerzhafter, die Kacke auszuscheiden.

Das, was der Körper nicht benötigt, sammelt sich als Pipi in der Harnblase. Wenn die Harnblase voll ist, wird eine Nachricht an das Gehirn geschickt. Das Gehirn ist eine Art Schaltzentrale im Kopf. Dort werden alle aus dem Körper und der Umwelt eingehenden Informationen gesammelt und zu Reaktionen verarbeitet.

Pipi drückt häufig, wenn deine Blase voll ist. Kacke drückt oder zwickt meistens im Bauch oder im Po. Das fühlt sich aber anders an als Bauchweh.

Die Nachricht von der Blase an das Gehirn kann zum Beispiel heißen:

„He, ich bin voll und du musst jetzt Pipi machen!"

Wie schnell du die Nachricht bekommst, dass deine Blase voll ist, kann ganz unterschiedlich sein und z.B. davon abhängen, wie groß deine Trinkmenge pro Tag ist, ob du kalte Füße hast oder gerade aufgeregt bist, z.B. wegen deiner Geburtstagsfeier oder weil du deinen ersten Tag im Kindergarten hast.

Besonders gut solltest du kurz nach den Hauptmahlzeiten (Frühstück, Mittagessen, Abendessen) auf deinen Körper hören. Sobald du isst und trinkst, beginnt dein Körper die Nahrung zu verdauen.

Deine Kacke wandert, um ausgeschieden zu werden, durch deinen Darm. Der Darm ist wie ein langer Schlauch in deinem Bauch. Am Ende des Darms angekommen, wird eine Nachricht an dein Gehirn geschickt. Wenn deine Kacke am Ende des Darms angekommen ist, heißt die Nachricht an das Gehirn:

„Mach dich bereit, die Kacke will raus!"

Dann sollst du möglichst schnell eine Toilette aufsuchen oder beim Wandern nach einem geeigneten, vor neugierigen Blicken geschützten Platz Ausschau halten.

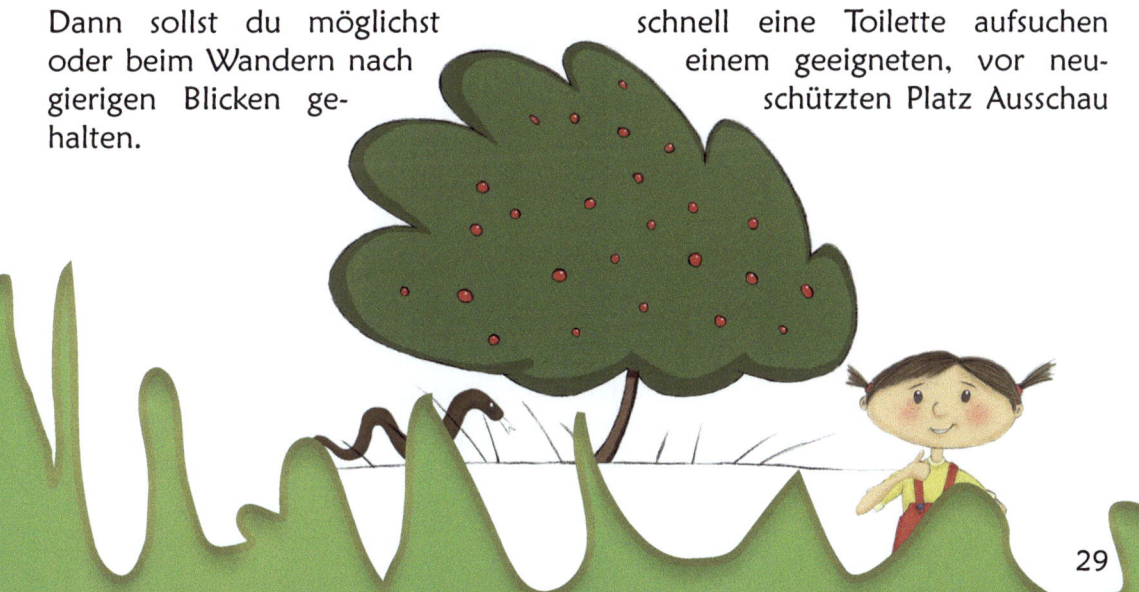

Wo kommen Pipi und Kacke aus dem Körper raus?

Pipi und Kacke kommen an zwei verschiedenen Orten des Körpers raus.

Pipi fließt durch die Harnröhre aus dem Körper. Bei Mädchen endet diese Röhre im Scheidenvorhof*, bei Jungen in der Eichel* vorne am Penis*.

Das Pipimachen geht leichter, wenn du dich auf dem Klo entspannst und es einfach rinnen lässt. Je mehr du getrunken hast, desto mehr Pipi kommt nach einiger Zeit wieder aus dir heraus.

Kacke kommt durch ein Loch aus dem Körper raus. Dieses Loch ist zwischen deinen Pobacken. Die Öffnung, durch welche die Kacke rausgedrückt wird, heißt After.

Das Abgeben von Kacke ist leichter, wenn du mithilfst. Presse einfach deine Bauchmuskeln und die Muskeln im Po ein wenig zusammen und schiebe die Kacke Richtung Po und Klo.

Das leichte Mitschieben ist ein wenig anstrengend. Aber so hilfst du der Kacke, schneller rauszukommen.

Gut ist, wenn du viel trinkst. Denn ausreichend Flüssigkeit macht viel helles Pipi und hilft auch der Kacke, noch besser zu rutschen.

WOHIN GEHÖREN PIPI UND KACKE?

Kühe im Stall müssen genauso pinkeln und kacken wie Kühe auf der Wiese. Damit sie nicht in ihrer eigenen Kacke leben müssen, räumt der Bauer regelmäßig die Kuh-Kacke weg. Er sammelt sie zu einem großen Haufen, auch Misthaufen genannt. Später bringt er den Mist wieder auf die Wiese, damit das Gras besser wächst.

Auch wir Menschen wollen dort, wo wir wohnen, keine Kacke haben. Das wäre ja ekelhaft! Außerdem würden wir dadurch krank werden.

Deshalb gibt es einen bestimmten Ort, wo Kacke und Pipi hingehören. Das ist das Klo. Andere dir wahrscheinlich bekannte Namen dafür sind Toilette, WC, Pipi-Box oder stilles Örtchen. Wenn du gerne auf den Topf gehst, kannst du dein Pipi und deine Kacke aus dem Topf einfach ins Klo leeren und den Topf nachher gründlich auswaschen. Händewaschen nicht vergessen!

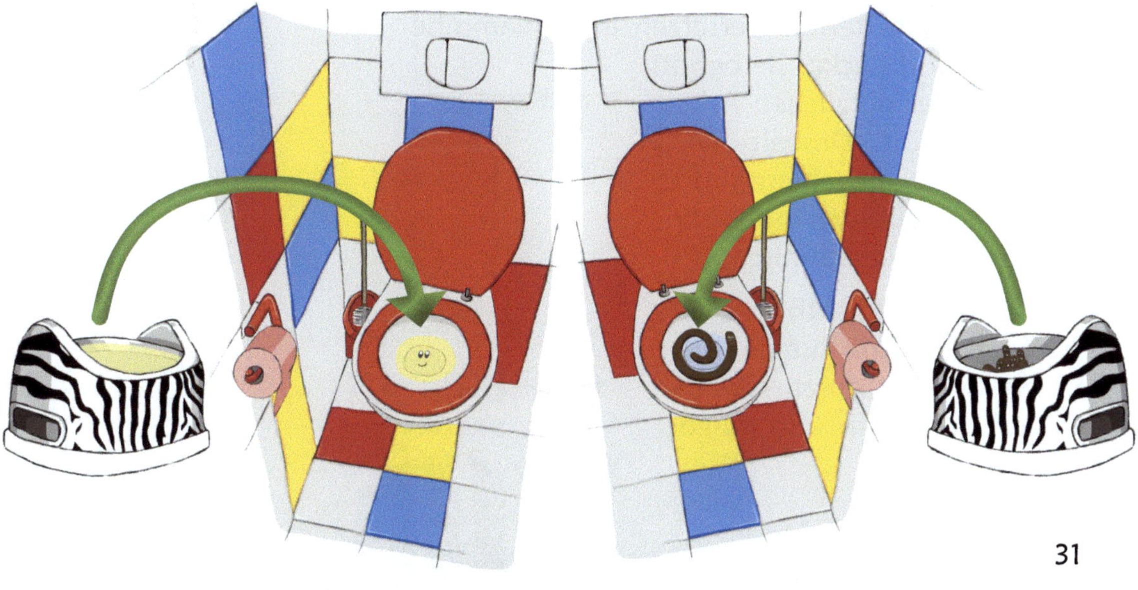

Was passiert im Klo mit Pipi und Kacke?

Damit wir unsere Kacke nicht zu einem Misthaufen tragen müssen, hat jedes Klo eine Spülung. Die Spülung leitet mit Druck viel Wasser in das Klo. Es ist wie ein kleiner Wasserfall, der Pipi, Kacke und Klopapier in die Kanalisation befördert.

Die Kanalisation ist ein Röhren- und Tunnelsystem unter der Erde. Es führt zur Kläranlage*, wo das verschmutzte Wasser wieder gereinigt wird. Nur die Kanaldeckel auf der Straße verraten das unterirdische Tunnelsystem.

In der Kläranlage fischen Gitter* mit immer engeren Abständen zuerst Holz, Bleche, Verpackungsmaterialien oder Küchenabfälle heraus. Transportierte Kieselsteinchen und Sand sinken durch die langsame Fließgeschwindigkeit des Abwassers im nächsten Becken zu Boden.

Öle und Fette schwimmen hingegen an der Oberfläche und werden abgesaugt. Winzige Tierchen, sogenannte Bakterien, zersetzen im Schlammbecken Pipi und Kacke. Sie benötigen bei ihrer nützlichen Arbeit viel Sauerstoff. Deshalb wird ständig Luft eingeblasen und mit einem Rührwerk das stinkende Wasser durchmischt.

Im Abwasser unsichtbar gelöste Stoffe wie Badezusätze oder Seifen werden durch Chemikalien* gebunden und ausgeschieden.

Benzin*, Farbstoffe, Öle, Wasch- und Reinigungsmittel oder Medikamente schmecken den Bakterien nicht. Sie sterben ab und können ihre Arbeit zum Wohle der Menschen, Tiere und Pflanzen nicht mehr verrichten. Außerdem werden dadurch das Wasser, die Luft und der Boden verschmutzt.

Deshalb ist es ganz wichtig, nur wasserlösliche Farben zum Streichen von Möbeln oder Wänden zu verwenden. Öle, Medikamente und andere schädliche Abfälle sind zur Problemstoffsammlung* zu bringen, weil sie nirgendwo anders hingehören!

Zu Hause können deine Eltern darauf achten, immer eine volle Ladung Wäsche zu waschen. Beim Geschirrspülen ist es gut, mit dem Spülmittel zu sparen.

Nach der Reise des Abwassers durch die Kläranlage landet der Klärschlamm* mit dem scharfen Geruch auf der Deponie*. Das fast wieder reine Wasser fließt zurück in den Fluss und schließt den Kreislauf.

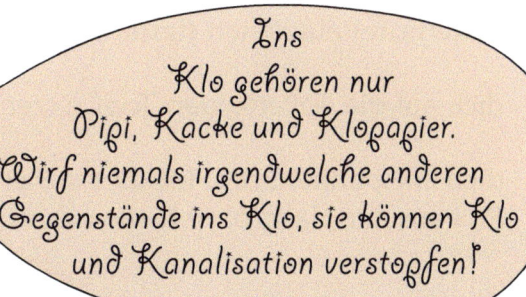

Pipi-Taste = kurze Spülung

Kacke-Taste = lange Spülung

Klobürste bei Kacke-Resten benutzen

Klopapier immer sparsam verwenden: so viel wie nötig, so wenig wie möglich

Ins Klo gehören nur Pipi, Kacke und Klopapier. Wirf niemals irgendwelche anderen Gegenstände ins Klo, sie können Klo und Kanalisation verstopfen!

Was musst du können, um es wie die Grossen zu machen?

Stell dir vor, du müsstest dir dein Leben lang von Mama und Papa den Popo putzen lassen oder mit einer Windel herumlaufen – schön blöd, oder?

Deshalb bringen Eltern ihren Kindern schrittweise bei, sich selbst um Pipi und Kacke zu kümmern.

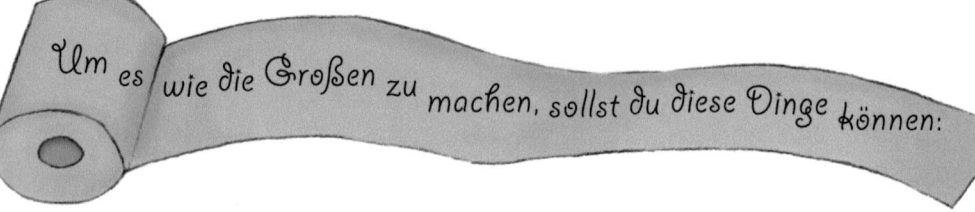

Um es wie die Großen zu machen, sollst du diese Dinge können:

- wissen, was Pipi und Kacke sind

- wissen, wann du pinkeln, kacken oder beides musst

- rechtzeitig zur Toilette/auf den Topf gehen oder Mama, Papa, Oma, Opa, Kindergärtnerin, Tagesmutter oder anderen dir vertrauten Personen Bescheid geben, dass sie mitkommen sollen

- dir die Unterbekleidung (Hose, Rock, Strumpfhose, Unterhose) ausziehen (lassen)

- dich auf die Toilette/den Topf setzen (lassen)

- dich entspannen, d.h. locker machen, damit das Pipi aus der Harnröhre fließen kann

- die Muskeln zusammenpressen, damit auch feste Kacke rauskommen kann

- deinen Penis/deine Scheide abwischen (lassen)

- den Po abputzen (lassen), damit die Unterhose frei von Bremsspuren* ist

- deine Unterbekleidung wieder anziehen (lassen)

- deine Oberbekleidung wieder anziehen (lassen)

- das Pipi/die Kacke runterspülen (lassen)

- die Hände waschen

Ganz bestimmt hast du einige Dinge bereits gelernt.

Vielleicht magst du jetzt neue Dinge versuchen? Zum Beispiel dich selbst auszuziehen oder dir den Popo selbst abputzen.

Der erste Streich: In die Windel pinkeln und kacken

Babys, die Muttermilch trinken oder Gemüsebrei essen, müssen auch pinkeln und kacken. Sie tun dies meist kurz nach dem Essen. Das geht ganz automatisch. Manche Babys kommen ohne Windel aus. Das geht, wenn Mama und Papa wissen, wann das Baby pinkeln oder kacken muss. Ist das Baby bereit, halten die Eltern es über die Toilette, das Waschbecken oder über einen speziellen Topf für Babys. Ist das Baby fertig, wird es gesäubert. Anschließend werden das Pipi, die Kacke oder beides im Klo in die Kanalisation gespült. Das ist praktisch, spart Geld und Zeit, weil es Eltern und Kind nicht durch das viele Windelwechseln vom Spielen und Kuscheln abhält.

Manche Eltern finden eine Windel für Babys bequem. Damit brauchen sie nicht darauf zu achten, wann das Baby pinkeln und kacken muss. Auch können Eltern ihr gewickeltes Baby überall hin mitnehmen (Einkaufen, Spaziergang, Spielplatz, Familientreffen). Egal ob das Baby schläft, wach ist, pinkelt oder kackt.

Seit vielen Jahren gibt es Windeln, die aussehen wie eine übergroße Unterhose aus Plastik mit Klettverschlüssen, die einem Pflaster ähneln. Sie sind so gemacht, dass sie Pipi und Kacke auffangen und den Geruch von Pipi und Kacke verringern. Eine solche Windel wird nur einmal verwendet und zwar so lange, bis Pipi oder Kacke drinnen sind. Danach wird sie weggeworfen und das Baby bekommt eine neue, weil es sonst einen wunden Po kriegen kann.

Ein Baby benötigt also täglich etliche frische Windeln. So entsteht ein richtiger Windelberg! Weil dieser Windelmüll entsorgt werden muss, ist es gut, wenn das Baby möglichst früh schon auf den Topf gehen darf, denn Windeln machen die Mülltonne ziemlich voll.

Ab und zu werden Kinder in Stoffwindeln gewickelt. Diese können mehrfach verwendet werden. Dazu ist es aber erforderlich, das Pipi und die Kacke aus der Windel rauszuwaschen. Dafür braucht man Wasser, Energie und Waschmittel. Das Waschen und Trocknen kostet Geld und erfordert eine Menge Zeit.

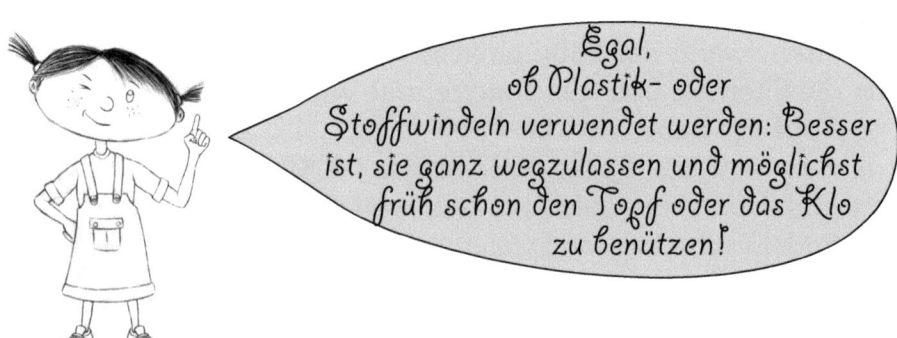

Egal, ob Plastik- oder Stoffwindeln verwendet werden: Besser ist, sie ganz wegzulassen und möglichst früh schon den Topf oder das Klo zu benützen!

Der zweite Streich: In den Topf pinkeln und kacken

Größere Kinder, wie du, brauchen keine Windel mehr. Sie können sagen, wann ihr Pipi und/oder ihre Kacke raus wollen. Sie können sich auf einen Topf setzen und in diesen pinkeln und/oder kacken.

Ein Topf ist ein Klo für kleinere Kinder. Es ist ein Behälter, auf den man sich nackt oder mit runtergelassener Unterhose setzen kann. Der Topf ist so gebaut, dass Pipi und Kacke gut aufgefangen werden.

Eine Spülung gibt es im Topf nicht. Deshalb müssen Pipi und Kacke zur Toilette gebracht, in dieser ausgeleert und dann in die Kanalisation gespült werden.

Im Unterschied zur Toilette kann ein Topf aussehen wie eine Schildkröte, ein Auto oder einfach bunt und mit Bildern verschönert sein.

Praktisch: Einen Topf kann man auch überall hin mitnehmen, während das Klo zu Hause seinen festen Platz hat.

Der dritte Streich: Vom Thron aus pinkeln und kacken

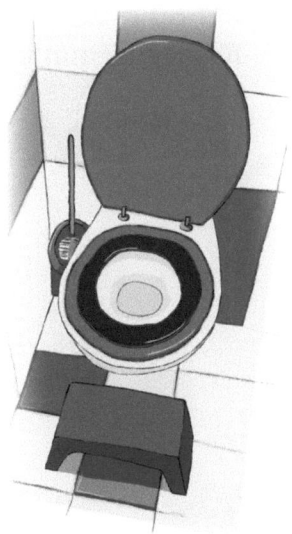

Kinder, die keine Windel mehr wollen oder deren Popo für den Topf zu groß geworden ist, können die Toilette der Erwachsenen benützen.

Eine Sitzauflage macht das möglich: Das ist ein Kindersitz für das große Klo. Die Sitzauflage verkleinert die Klobrille. Dadurch kann dein Popo nicht in das Klo rutschen. Außerdem sitzt du gut darauf. Es fühlt sich ein wenig an, als wärst du ein König oder eine Königin auf einem Thron.

Eine Sitzauflage ist ideal für neugierige Kinder, die wie Erwachsene auf das Klo gehen wollen. Pipi und Kacke können einfach runtergespült werden.

Eine Fußbank vor dem Klo kann dir das Auf- und Absteigen erleichtern.

Wenn du dir den Popo selber geputzt und anschließend runtergespült hast, wasche dir die Hände. Denn in der Kacke befinden sich noch Darmbakterien, die dich und andere krank machen können. Diese Bakterien wurden ausgeschieden, weil der Körper sie nicht mehr benötigt und zu viele davon ungesund für ihn sind. Damit die Darmbakterien nicht wieder über deine Hände in den Körper gelangen, sollst du sie nach dem Klogang lieber von den Händen abwaschen und auch etwas Seife benutzen.

Das Finale: Es wie die Großen machen

Ist dein Popo groß genug, sodass er auf die Klobrille passt? Rutschst du auch nicht mehr durch die Klobrille hindurch? Dann verzichte auf den Kinder-Thron, also auf die Sitzauflage.

Bist du gewachsen, kannst du auch den Hocker weglassen. Es sei denn, es ist für dich gemütlicher, dann behalte ihn noch eine Weile.

Gratulation, dass du es wie die Großen machen kannst!

Bist du bereits ein Spezialist, eine Spezialistin?

Ein Spezialist ist jemand, der über eine Sache außerordentlich gut Bescheid weiß. Möglicherweise bist du bereits ein Experte für Pipi und Kacke. Das erkennst du daran, dass du auf deinen Körper hörst und merkst, wann du pinkeln, kacken oder beides musst.

Als Spezialist kannst du ebenso erklären, wie Pipi und Kacke in den Körper kommen und durch welche Öffnungen sie ausgeschieden werden. Da zur Körperpflege unbedingt ein sauberer Popo gehört, wirst du ihn dir nach dem Klogehen sicher jedes Mal abputzen und dir immer gut die Hände waschen – oder?

Vielleicht ist dir schon mal ein kleiner Unfall passiert: Weil du dir beim Spielen das Pinkeln/Kacken verdrückt hast, hattest du später eine nasse/volle Hose. Das ist unangenehm. Daher kannst du deinen Freunden sagen, dass Pipi und Kacke in die Toilette gehören.

Außerdem wirst du ihnen raten, Kleidung zu tragen, die jedes Kind selbst aus- und anziehen kann. Bereits ein Gürtel kann schwierig zu öffnen sein. Am einfachsten zu bedienen sind Röcke, Kleider oder Hosen mit Gummibund, die du „ritsch-ratsch" herunterziehen kannst. Denn nach einem Unfall mit runtergelassenen Hosen auf Erwachsene warten zu müssen, verdirbt die gute Laune.

Als Spezialist besitzt du viel Erfahrung und kannst lustige Geschichten über Pipi und Kacke erzählen. Dadurch hilfst du anderen Kindern, selbst zu Spezialisten für Pipi und Kacke zu werden. Auf den nächsten Mit-Mach-Seiten warten Rätsel, Quizfragen und andere interessante Knobeleien rund um Pipi und Kacke auf dich. Viel Vergnügen!

Zum Schluss die wichtigsten Infos in Kürze

Pipi oder Kacke freiwillig zurückzuhalten ist eine sehr schlechte Idee. Denn irgendwann läuft das Pipi heraus und die Kacke quetscht sich in die Hose!

Sich anzukacken oder anzupinkeln ist äußerst unangenehm. Außerdem muss nachher die Kleidung gewechselt und gewaschen werden, was Zeit braucht, die deine Mama und dein Papa sicher lieber anders mit dir verbringen würden.

Wenn du also beim Spielen merkst, dass du aufs Klo gehen musst, dann geh rasch. In wenigen Minuten bist du mit dem Pipi machen oder Kacken fertig und kannst danach fröhlich weiterspielen – ohne dich umziehen oder gar die Windel wechseln zu müssen.

Pipi in der Hose zu haben fühlt sich an wie ein kalter, feuchter Lappen. Kacke in der Hose zu haben, fühlt sich so an, als ob man mit dem nackten Po in einem frischen Kuhfladen sitzt. Ist Kacke etwas getrocknet, dann kann sie den Popo wund reiben.

Pipi in der Hose kann genauso stinken wie Kacke in der Hose. Du selbst und andere können es riechen.

Manche Kinder sind so gemein und lachen andere Kinder aus, die ungewollt Pipi oder Kacke in der Unterhose haben. Das ist nicht schön und tut im Herzen weh.

Aber vergiss nicht, dass Kacke auch in der Windel stinkt und angelullte Windeln ebenfalls einen seltsamen Geruch haben.

Der beste Ort für Pipi und Kacke ist also ein Klo oder ein Topf.

Bist du draußen beim Spielen, dann kannst du Pipi auch hinter einem Busch oder Baum machen. Pipi fließt in den Boden oder sieht wie eine Regenpfütze aus.

Hinter einen Busch im Garten zu kacken ist weniger gut. Deine Kacke bleibt gut sichtbar liegen. Außerdem benötigst du ein Taschentuch, um deinen Popo zu säubern.

Bei Wanderungen sollst du dir das Kacken und Pipimachen aber nicht verdrücken. Suche dir dafür ein ruhiges Plätzchen und verdecke die Kacke mit Blättern oder streue Sand oder Erde darauf.

WELCHE KACKE GEHÖRT ZU WEM?

Finde heraus, welche Kacke zu welchem Tier gehört. Verbinde dann die zusammengehörenden Paare mit einem Strich. (Auflösung auf Seite 67)

WIE SAGST DU DAZU?

Sieh dir die Bilder an und finde heraus, was es ist.

Überlege dann, wie deine Eltern, deine Geschwister, deine Freunde oder du selbst am liebsten dazu sagen. In die Felder unten kannst du deine Antworten hineinschreiben lassen.

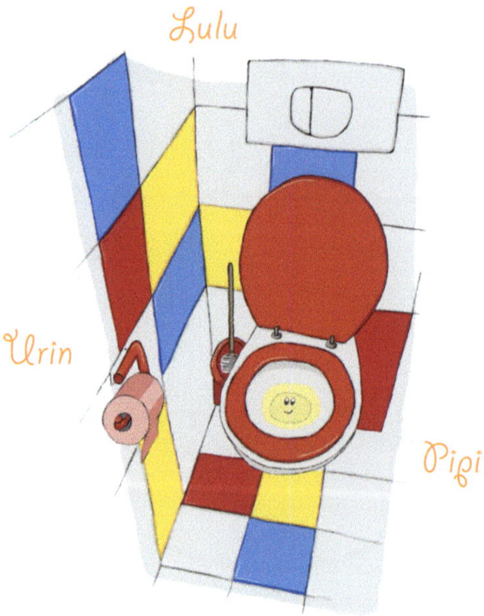

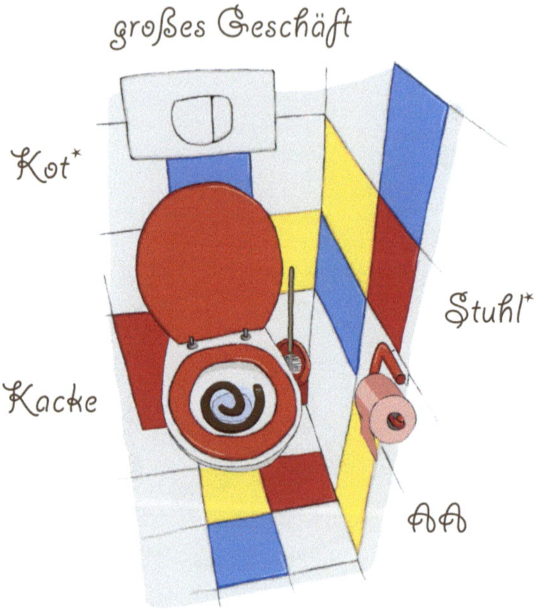

Lulu

großes Geschäft

Kot*

Urin

Stuhl*

Kacke

Pipi

AA

42

Wo gehören Pipi und Kacke hin?

Schaue dir die Bilder an und überlege, wo Pipi und Kacke hingehören.
Kreuze dann die zutreffenden Begriffe an.

○ Windel

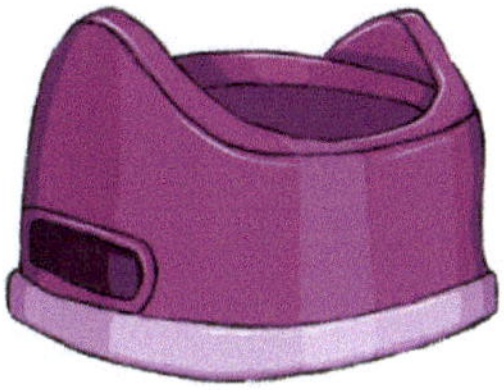

○ Topf

○ Unterhose

○ Bett

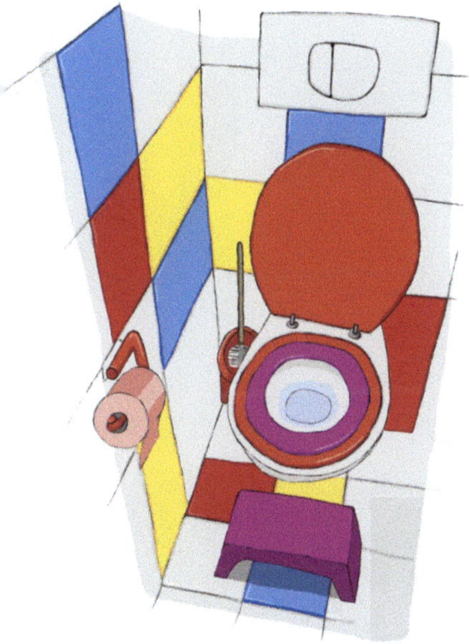

○ Klo

○ Badewanne

○ Baum

Deine Kacke ist immer anders!

Deine Kacke sieht immer wieder anders aus. Das hängt davon ab, wie es dir geht, was du gegessen und getrunken hast.

Flitze-Kacke
(sehr dünnflüssige
Kacke, auch „Dünn-
schiss" genannt)

optimale Kacke

kranke Kacke

Köttel-Kacke

Zwicke-Kacke

Schlangen-Kacke

Stinke-Kacke

sture Kacke

Geister-Kacke
(auch „Furz" oder
„Pups" genannt)

unentschiedene
Kacke

Plumps-Kacke

Stein-Kacke

GEWUSST WIE!

· ·

11) Welche drei Kennzeichen kann Kacke haben?

12) Warum sieht Kacke immer anders aus?

13) Wie ist optimale Kacke?

14) Was ist passiert, wenn du Flitze-Kacke hast?

15) Wann tut das Kacken weh?

16) Wieso bekommt man Verstopfung?

17) Warum stinkt Geister-Kacke?

18) Wie kannst du an deiner Kacke sehen, was du gegessen hast?

Die Auflösung der Fragen findest du ab Seite 64!

WIE GEHT ES DER REIHE NACH?

Lola muss ganz dringend groß aufs Klo. Schneide die Puzzleteile aus und zeige ihr, wie man es richtig macht!

Ordne hier die ausgeschnittenen Teile von
Lolas Klo-Puzzle in aller Ruhe an.

Und wenn alles passt: einkleben!

WIE SIEHT DEINE KACKE AUS?

Male in das freie Feld, wie deine letzte Kacke ausgesehen hat. Hast du schon einmal eine besonders lustig
aussehende Kacke gekackt? Wenn du willst, kannst du
auch diese zeichnen.

DEIN KACK-TAGEBUCH

Beobachte deine Kacke eine Woche lang und zeichne auf, wie sie an den verschiedenen Tagen ausgesehen hat.

Montag

Dienstag

Mittwoch

51

Deine Gefühle sind unsichtbar!

... spüren kannst du sie trotzdem. Finde heraus, wie du dich fühlst, wenn Pipi und Kacke in die Hose gegangen sind.

 ○ ängstlich

 ○ einsam

 ○ beschämt

 ○ traurig

 ○ unglücklich

 ○ wütend

Wenn du in den Topf/in die Toilette machst, wie fühlst du dich dann? Ins graue Feld kannst du weitere Gefühle zeichnen.

○ fröhlich

○ glücklich

○ lustig

○ stolz

OHNE WINDEL MAGST DU NICHT?!

Was findest du gut an deiner Windel? Weshalb magst du nichts Neues ausprobieren? Wie zum Beispiel einen Topf oder einen Kinder-Thron? Zeichne deine Gedanken auf oder teile sie mit.

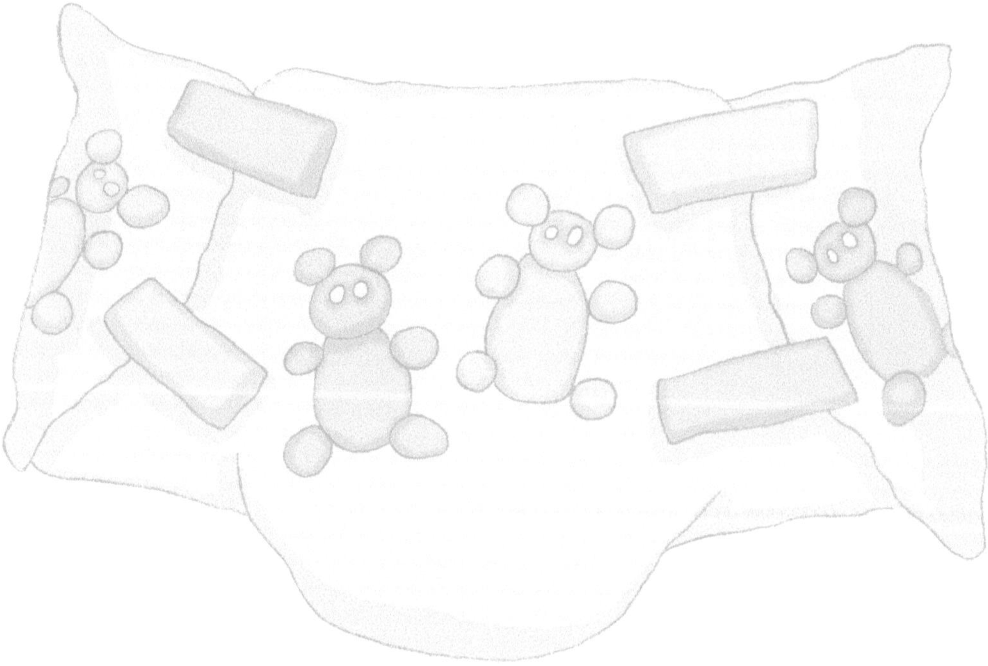

DEINE WUNSCHTOILETTE

An dieser Stelle ist Platz für ein Bild von deiner Wunsch-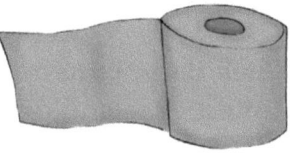
toilette. Male alle Dinge auf, die du brauchst, um dich
beim Pinkeln und Kacken wohlzufühlen.

Was tun, wenn es dringend ist?

Stell dir vor, du trägst keine Windel mehr und du musst dringend pinkeln, kacken oder beides tun.

Was machst du? Was sagst du in diesen Situationen?

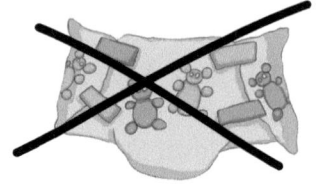

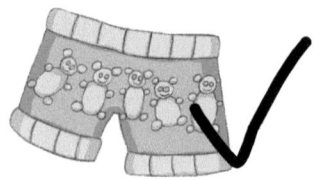

Im Kindergarten mache/sage ich …

_____

_____

_____

Bei einer Freundin/einem Freund mache/sage ich …

_____

_____

_____

Beim Spielen mache/sage ich …

_____

_____

_____

Beim Wandern mache/sage ich ...

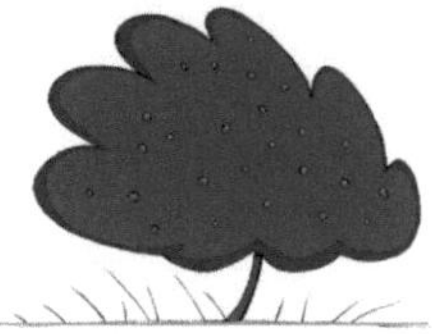

_____

_____

_____

Beim Autofahren mache/sage ich ...

_____

_____

_____

Beim Einkaufen mache/sage ich ...

_____

_____

_____

Im Schwimmbad mache/sage ich ...

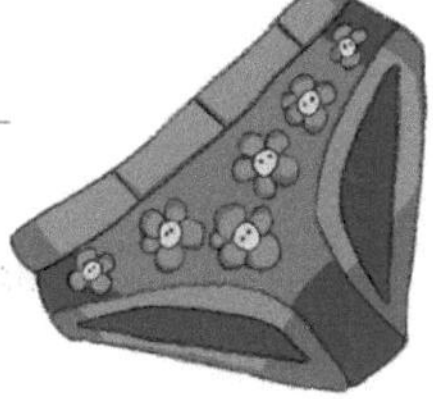

_____

_____

_____

Froh aufs Klo

Melodie & Text: Caroline Oblasser
Opus 007 • Drück-Dur

1. Ich ma-che ganz all-lei-ne in den Topf hi-nein, und ge-he manch-mal schon aufs Klo. Ich

ma-che wie die Gro-ßen und das ist sehr fein, am Klo da o-ben bin ich froh.

Froh froh froh froh froh aufs Kloooo, froh froh froh froh froh, so frooooh,

froh froh froh froh froh aufs Klooooo, am Klo da o-ben bin ich froooooooh.

58

2. Ich mache ganz alleine in den Topf hinein,
und gehe manchmal schon aufs Klo.
Ich mache wie die Großen und das ist sehr fein,
am Klo da oben bin ich froh.

Froh froh froh froh froh aufs Klo,
froh froh froh froh froh, so froh.
Froh froh froh froh froh aufs Klo,
am Klo da oben bin ich froh.

2. Die Windel brauch' ich nicht mehr, denn die engt mich ein,
ich hab sie heute weggemacht.
Ich bin kein Baby, ich will endlich sauber sein!
Wenn das nicht klappt, wär's doch gelacht.

Froh froh froh froh froh aufs Klo,
froh froh froh froh froh, so froh.
Froh froh froh froh froh aufs Klo,
am Klo da oben bin ich froh.

3. Vor kurzem hab ich es mal wieder überseh'n,
da war die Hose leider nass.
Doch ich weiß sicher: Bald wird es noch besser geh'n!
Aufs Klo zu geh'n, das macht mir Spaß.

Froh froh froh froh froh aufs Klo,
froh froh froh froh froh, so froh.
Froh froh froh froh froh aufs Klo,
am Klo da oben bin ich froh.

4. Die Mama und der Papa freuen sich total,
dass ich ein großes Mädchen bin.
Auch ich, ich finde mich wirklich phänomenal,
nennt mich ab jetzt Klo-Königin.

Froh froh froh froh froh aufs Klo,
froh froh froh froh froh, so froh.
Froh froh froh froh froh aufs Klo,
am Klo da oben bin ich froh.

Auflösung der Fragen

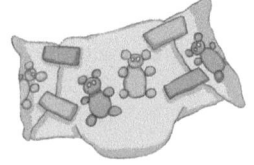

1) Was ist eine Windel?

Eine Windel sieht aus wie eine Unterhose, die Pipi und Kacke aufsaugt.

Ergänzende Information: Eine Windel ist für Babys und kleine Kinder gemacht. Sehr alte oder kranke Menschen tragen auch eine Windel, wenn sie Pipi und/oder Kacke nicht zurückhalten können. Es gibt zwei Arten von Windeln: Einwegwindeln und Mehrwegwindeln. Einwegwindeln werden einmal verwendet und nach dem Kacken und Pinkeln weggeworfen. Sie bestehen aus einem besonderen Material mit einer Außenschicht. In der Windelhülle sind kleine Körnchen oder Kügelchen, die die Flüssigkeit aufsaugen, ähnlich einem Schwamm, der Wasser aufsaugt. Aus einem Schwamm kann man die Flüssigkeit wieder herausdrücken, aus einer Windel nicht. Die Körnchen halten die Flüssigkeit fest. Damit betrügt die Windel dich eigentlich: Das Pipi ist immer noch in der Hose, auch wenn die Körnchen nicht nur die Flüssigkeit, sondern meistens auch den Geruch binden. Kacke bleibt einfach in einer Windel liegen. Die Außenschicht der Windel sorgt wie eine Regenjacke dafür, dass das Pipi und die Kacke in der Windel bleiben und die Kleidung nicht nass machen. Mehrwegwindeln können mehrmals verwendet werden. Dazu müssen sie jedoch regelmäßig gewaschen werden. Sie bestehen meist aus Stoff und können so groß sein wie ein Geschirrhandtuch. Es gibt sie in verschiedenen Formen, und manche haben Knöpfe zum Verschließen. Einige dieser waschbaren Windeln sehen sogar genauso aus wie Einwegwindeln! Weil sie aus Stoff sind, können sie Pipi und Kacke weniger gut speichern. Deshalb gibt es eine Schutzhose, die über die Mehrwegwindel gezogen wird, damit die Kleidung möglichst trocken bleibt. Mittlerweile gibt es verschiedene Arten von waschbaren Stoffwindeln. Diese sehen von außen genauso aus wie Einwegwindeln, können jedoch mit der Hand oder in der Waschmaschine sauber gemacht werden.

2) Was ist ein Topf?

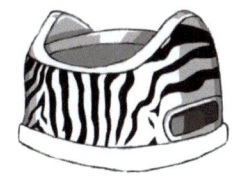

Ein Topf ist ein Gefäß, in das kleine Kinder pinkeln und kacken können.

🗨 *Ergänzende Information:* Ein Topf ist für kleine Kinder und wird auch Kindertopf oder Töpfchen genannt. Er ist für Kinder da, die keine Windel mehr wollen. Ebenso ist er für Kinder geeignet, die es wie die Großen machen möchten, aber noch nicht auf die Toilette wollen. Seine breiten Ränder sorgen dafür, dass Jungen und Mädchen gut sitzen. Damit Kindern das Pinkeln und Kacken in den Topf Spaß macht, gibt es viele verschiedene davon: bunte Töpfe, die wie Tiere oder Autos aussehen, und welche mit einer Lehne. Es gibt sogar Töpfe, die Musik machen, wenn man hineinpinkelt! Der Topf kann überall mit hingenommen werden. Wer auf dem Topf sitzt, kann z.B. gleichzeitig ein Bilderbuch ansehen oder mit den Eltern reden. Pipi und Kacke verschwinden nicht von selbst aus dem Topf. Deshalb müssen sie entsorgt werden. Am besten werden sie in das Klo geleert. Dort werden Pipi und Kacke durch die Wasserspülung in die Kanalisation geschickt.

3) Warum pinkelt Lola in ihre Hose?

Lola musste dringend Pipi. Sie hat es sich zu lange verdrückt. Beim Lachen ist das Pipi dann in die Hose gelaufen, weil sich dabei viele Muskeln im Körper entspannen, auch der Schließmuskel.

🗨 *Ergänzende Information:* Wenn der Körper meldet, dass er dringend pinkeln oder kacken muss, soll man dem Bedürfnis nachkommen. Sich das Pinkeln und Kacken zu verdrücken ist ungesund.

Außerdem ist es sehr anstrengend. Vergisst man es oder muss man plötzlich sehr viel lachen, können Pipi und Kacke ungewollt rauskommen. Denn das Verkneifen funktioniert nur eine Weile. Landet das Pipi in der Unterhose, entsteht ein unangenehmer Geruch.

4) Was ist ein Kindersitz für das Klo?

Ein Kindersitz für das Klo ist eine Auflage, welche die Klobrille verkleinert.

Ergänzende Information: **Durch den Kindersitz ist es auch für kleine Jungen und Mädchen möglich, das Erwachsenen-Klo zu benützen. Kleine Kinder haben einen kleinen Po. Der Sitz für das Klo verhindert, dass der Popo von Kindern im Klo landet. Der Kindersitz für das Klo passt normalerweise auf jedes Klo. Wenn man ganz sichergehen will, dass der Kindersitz überall passt, gibt es auch verstellbare Modelle. Es gibt eine Fußbank, die dir wie eine Treppe das Hochsteigen erleichtert. Bestimmt gibt es für dich eine Sitzauflage in deiner Lieblingsfarbe!**

5) Was bedeutet Verdauung?

Die Verarbeitung des Essens im Körper.

Ergänzende Information: **All das, was auf dem Weg vom Mund bis ins Klo mit dem Essen passiert, nennt man Verdauung.**

6) Wofür ist Spucke gut?

Spucke sorgt dafür, dass das Essen besser in die Speise-röhre rutschen kann.

🗨 *Ergänzende Information:* Speichel ist ein anderer Name für Spucke.

7) Welche Aufgabe hat die Magensäure?

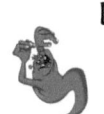

Die Magensäure und der Magensaft zer-kleinern das Essen zu einem feinen Brei und töten ungesunde Bakterien ab.

🗨 *Ergänzende Information:* Das Abtöten dieser Bak-terien ist wichtig, weil sie Menschen krank machen können.

8) Was passiert im Dünndarm?

Im Dünndarm wird dem Nahrungsbrei durch die Zotten, also die kleinen Fingerchen an der Innenseite des Dünndarms, alles entzogen, was der Körper noch gebrauchen kann.

🗨 *Ergänzende Information:* Die brauchbaren Bestand-teile nennt man die Nährstoffe*. Die Nährstoffe werden so zerteilt, dass sie durch die Darmwand ins Blut wandern können und dem Körper weiter zur Verfügung stehen.

9) Was geschieht mit der Nahrung im Dickdarm?

Der Nahrung wird im Dickdarm die Flüssigkeit entzogen.

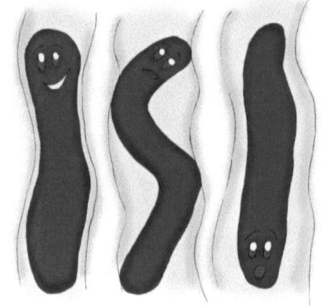

 **Ergänzende Information:** Dass die Kacke weder zu hart noch zu flüssig ist, hängt von der Ernährung und der Gesundheit des Darms ab.

10) Warum wird ein Teil des Essens als Kacke ausgeschieden?

Der Körper holt sich nur die Bestandteile aus der Nahrung, die er gebrauchen kann. Den Rest scheidet er als Kacke aus.

Ergänzende Information: Brauchbare Bestandteile sind z.B. Nährstoffe, Flüssigkeit und Vitamine.

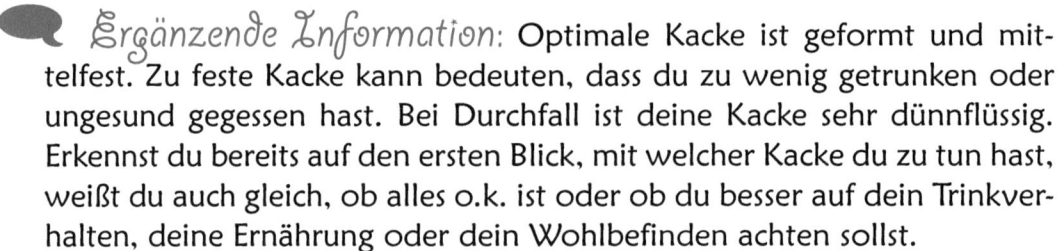

11) Welche drei Kennzeichen kann Kacke haben?

Du kannst zwischen optimaler Kacke, zu fester Kacke und dünnflüssiger Kacke unterscheiden.

Ergänzende Information: Optimale Kacke ist geformt und mittelfest. Zu feste Kacke kann bedeuten, dass du zu wenig getrunken oder ungesund gegessen hast. Bei Durchfall ist deine Kacke sehr dünnflüssig. Erkennst du bereits auf den ersten Blick, mit welcher Kacke du zu tun hast, weißt du auch gleich, ob alles o.k. ist oder ob du besser auf dein Trinkverhalten, deine Ernährung oder dein Wohlbefinden achten sollst.

12) Warum sieht Kacke immer anders aus?

Dein Essen bestimmt, wie deine Kacke aussieht.

🗨 *Ergänzende Information:* Deine Kacke wird brauner, je mehr Fleisch du isst. Sie wird weicher, wenn du viel trinkst.

13) Wie ist optimale Kacke?

Optimale Kacke ist nicht zu hart und nicht zu weich.

🗨 *Ergänzende Information:* Sie kommt täglich. Beim Kacken schmerzt sie nicht. Ihre Farbe ist gelbbraun.

14) Was ist passiert, wenn du Flitze-Kacke hast?

Du hast dann vielleicht Stress, verträgst ein bestimmtes Essen nicht, hast dich ungesund ernährt oder bist einfach krank. Flitze-Kacke ist sehr flüssige Kacke. Ein anderes Wort dafür ist Durchfall.

🗨 *Ergänzende Information:* Durchfall hast du, wenn du mehr als dreimal am Tag kacken musst. Zum Durchfall gehört, dass du das Gefühl hast, dass du deine Kacke nicht zurückhalten kannst. Außerdem musst du öfters auf den Topf oder auf das Klo gehen, ohne dass Kacke rauskommt. Bei Durchfall verliert der Körper besonders viel Flüssigkeit, also trinke ausreichend!

15) Wann tut das Kacken weh?

Kacken tut weh, wenn die Kacke zu fest ist.

Ergänzende Information: Wer zu wenig trinkt oder ungesund isst, bekommt feste Kacke. Kacken schmerzt bei Verstopfung oder bei Einrissen im After.

16) Wieso bekommt man Verstopfung?

Wer zu wenig trinkt, bekommt zu feste Kacke. Das kann auch passieren, wenn du dich ungesund ernährst. D.h. wenn du z.B. zu wenig Vollkornprodukte (dunkles Brot, Getreide) und zu wenig Obst und Gemüse isst.

Ergänzende Information: Zu feste Kacke rutscht schlecht. Verstopfung hast du, wenn der Darm mit Kacke voll ist und die Kacke nicht raus kann.

17) Warum stinkt Geister-Kacke?

Geister-Kacke sind Blähungen, auch Furz oder Pups genannt. Wenn Essen in Kacke umgewandelt wird, entstehen oft Darmgase. Diese Darmgase entweichen wie die Kacke durch den After und stinken.

Ergänzende Information: Geister-Kacke entsteht, wenn der Körper bestimmtes Essen abbaut (z.B. Zwiebel, Kohl, Wassermelone). Sie kann auch entstehen, wenn man zu viel gegessen hat.

18) Wie kannst du an deiner Kacke sehen, was du gegessen hast?

Sieh dir deine Kacke an. Bestimmte Lebensmittel werden schlecht verdaut und du findest sie in deiner Kacke wieder.

Ergänzende Information: Wenn du viel Fleisch ist, wird deine Kacke brauner. Mais z.B. kann vom Körper schlecht verdaut werden. Daher sieht er nachher in der Kacke meist genauso aus wie zuvor.

Bravo! Jetzt bist du ein echter Pipi- und Kacke-Spezialist/eine echte Pipi- und Kacke-Spezialistin!

Auflösung des Kacke-Rätsels von Seite 41

Vogel: Kacke Nr. 3; **Hase:** Kacke Nr. 1; **Hund:** Kacke Nr. 4; **Kuh:** Kacke Nr. 2

NOTIZEN

Sachinformationen für Eltern

Begriffsklärung „Wickeln"

Kinder werden gewickelt, um Kot und Urin aufzufangen. Die meisten Kinder werden fünf- bis sechsmal am Tag gewickelt, und dies zwei oder drei Jahre lang. Das bedeutet einen durchschnittlichen Verbrauch von 4.000 bis 6.500 Einwegwindeln sowie einen Kostenaufwand von 1.200 bis 2.000 Euro pro Kinder-Popo. Anders gerechnet führt dies zu einem Restmüll von etwa einer Tonne (1.000 kg). Das Wickeln ist hierzulande üblich, da es einen zuverlässigen Schutz vor beschmutzter und nasser Babykleidung darstellt. Obwohl für viele Kinder das häufige An- und Ausziehen unbequem und mit Protesten verbunden ist, überwiegen für viele Eltern die Vorteile.

Begriffsklärung „Natürliche Babypflege"

Die natürliche Babypflege* ermöglicht den weitgehenden Verzicht auf Windeln. Eine Voraussetzung dafür ist, dass die Eltern durch Beobachtung gelernt haben, wann ihr Kind ausscheiden muss. Dann geht es darum, die Signale des Kindes richtig wahrzunehmen. Ein Kind zeigt beispielsweise durch Quengeln, Zappelig- und Unruhigwerden, Innehalten oder starren Blick, dass der Ausscheidungsprozess stattfindet. Dann müssen die Eltern das Kind sofort über den Topf, das Klo, das Waschbecken oder in freier Natur an einen ungestörten Platz (vor/hinter Busch/Baum, über Wiese) halten, damit es Kot und Urin gut abgeben kann. Dieses Vorgehen schont die Umwelt, reduziert die Haushaltskosten und stärkt die emotionale Bindung zwischen Eltern und Kind. Besonders gut funktioniert die Methode Windelfrei nach dem Schlafen, dem Stillen oder Füttern.

Begriffsklärung „Sauberwerden"

In der industrialisierten Welt bedeutet der Begriff „Sauberwerden", dass ein Kind lernt, seinen Kot und Urin selbstständig in die Toilette abzusetzen. Damit das möglich ist, müssen bestimmte Fähigkeiten beim Kind bereits entwickelt sein, auch muss es neue, spezielle Toilettenfertigkeiten* erwerben. Für die meisten Eltern beschreibt das Sauberwerden den Übergang von der Windel auf den Topf und von dort zur Toilette. Dieser Entwicklungsschritt beginnt, wenn Kinder bereit dafür sind. Die durch Eltern geleistete Unterstützung beim Erlernen des selbstständigen Umgangs mit den Ausscheidungsprodukten wird als Sauberkeitserziehung verstanden.

**Hinweis: Mit einem * versehene Begriffe sind im Glossar ab Seite 80 erklärt.
Die Begriffe sind jeweils bei ihrer ersten Verwendung im Text gekennzeichnet.**

Bereits Babys senden Signale aus, wann sie ausscheiden müssen. Wenn Kinder älter sind, wollen sie lernen, ihr Pipi und ihre Kacke selbstständig abzusetzen. Der Zeitpunkt ist unterschiedlich. Manche sind bereits zwischen 1,5 und 2 Jahren bereit dafür. Andere wiederum lassen sich fast bis zum 4. Lebensjahr Zeit. Im Alter von 2 Jahren können Kinder eine volle Blase wahrnehmen. Darüber hinaus ermöglicht die physiologische Darmkontrolle dem Kind, durch das An- und Entspannen des Schließmuskels das Absetzen von Stuhl* zu verhindern oder zuzulassen.

Kinder entwickeln sich vielseitig und rasch. Sie erwerben zwischen dem 2. und 4. Lebensjahr etliche kognitive*, emotionale*, optische*, akustische* und motorische* Fähigkeiten. Sie packen beispielsweise Eingewickeltes aus und schütteln den Kopf, um „Nein" zu sagen (2 Jahre). Später können sie alleine mit dem Löffel essen, bestimmte Orte wiedererkennen und sich beim Vornamen nennen (3 Jahre). Sie sind auch in der Lage, Mädchen von Jungen zu unterscheiden, Papierstreifen mit der Schere durchzuschneiden und zu erklären, was sie spielen (4 Jahre). Der Erwerb der Toilettenfertigkeiten stellt somit einen Baustein der vielen Entwicklungsschritte dar, die Kinder zu meistern haben. Denn das Loslösen von der Windel, die zunehmende Kontrolle über das Loslassen und Zurückhalten von Urin und Kot findet gemeinsam mit dem Erwerb von anderen Fähigkeiten statt. Wenn Kinder die Windel als störend empfinden oder Interesse an einem Topf oder der Toilette zeigen, ist dies ein Hinweis darauf, dass die Kinder für das Erlernen der Toilettenfertigkeiten bereit sind.

Der Erwerb der Toilettenfertigkeiten setzt die Kontrolle des Mastdarms und der Blase voraus. In der Regel läuft das Sauberwerden in mehreren Schritten ab. Jedoch ist es von Kind zu Kind unterschiedlich, in welcher Reihenfolge diese Phasen ablaufen. Bei einigen Kindern kann beobachtet werden, dass die Kontrolle des Mastdarms und die Blasenkontrolle gleichzeitig stattfinden. Gewöhnlich durchläuft das Kind folgende vier Phasen:

1. Kontrolle des Mastdarms in der Nacht
2. Kontrolle des Mastdarms am Tag
3. Kontrolle der Blase am Tag
4. Kontrolle der Blase in der Nacht

Kinder über das 4. Lebensjahr hinaus sollen in der Lage sein, ihre Ausscheidung zu regulieren. Kann ein Kind das noch nicht, ist eine ärztliche Abklärung erforderlich. Zusätzlich sollte der Erziehungsalltag im Rahmen einer psychologischen oder psychotherapeutischen Unterstützung reflektiert werden. So können auf Seiten der Eltern günstige von ungünstigen Verhaltensweisen unterschieden und sich besser bewährende Entwicklungsbedingungen entdeckt und aufgegriffen werden.

Babys und Kleinkinder möchten – wie Erwachsene – sauber, d.h. unbeschmutzt von Kot und Urin sein. Unabhängig davon, ob ein Kind mit natürlicher Babypflege oder mit Windeln aufwächst, gilt das gewünschte Absetzen von Urin und Kot in die Toilette als sozialer Meilenstein, denn das selbstständige Absetzen der Ausscheidungsprodukte am erwünschten Ort zeigt, dass ein weiterer Entwicklungsschritt abgeschlossen ist. Kinder erfahren durch ihre neu dazu gewonnenen Toilettenfertigkeiten mehr Autonomie.

Eltern erhalten erst oft ab diesem Zeitpunkt die Zusage, dass ihr Kind in einer Kinderbetreuungseinrichtung aufgenommen wird. Dieser Umstand setzt berufstätige Eltern, die auf eine frühe Fremdbetreuung angewiesen sind, sehr unter Druck. Immer wieder erleben Eltern Gefühle von Unsicherheit, Unruhe und Unzufriedenheit, wenn sich ihr Kind im Unterschied zu Gleichaltrigen mehr Zeit mit diesem Entwicklungsschritt lässt. Dadurch vermittelt das Kind den Eindruck, in der erwarteten Entwicklung verzögert zu sein, wodurch Eltern zur Zielscheibe von lustig gemeinten, jedoch verletzenden Bemerkungen werden. Dieser unpassende soziale Vergleich zwischen verschiedenen Familien kann Eltern zusätzlich das Gefühl geben, in ihrer Kompetenz als Mutter oder Vater anderen unterlegen zu sein oder etwas falsch zu machen. Somit wirkt sich das Tempo, in dem ein Kind das richtige Absetzen von Urin und Kot lernt, auf das elterliche Wohlbefinden und den Umgang zwischen Eltern und Kind aus. Dem Druck von außen halten viele Eltern nicht stand und geben diesen an ihr Kind weiter, wodurch es in seiner individuellen Entwicklung irritiert oder eingeschränkt werden kann. Im schlimmsten Fall verschlechtert sich die Eltern-Kind-Beziehung durch eine Fokussierung auf die fehlenden Toilettenfertigkeiten, das Kind entwickelt Auffälligkeiten im Verhalten oder das Familienleben wird durch massive Auseinandersetzungen gestört. Deshalb ist es bedeutsam, den Entwicklungsschritten des Kindes aufmerksam zu folgen und sich von äußeren Bedingungen nicht verunsichern und unter Druck setzen zu lassen.

ZU ERWERBENDE TOILETTENFERTIGKEITEN

Toilettenfertigkeiten umfassen die Kenntnis der Begriffe Urin und Kot sowie Namen für Orte, an denen sie abgesetzt werden. Kinder benötigen auch das Wissen, wie sie Urin und Stuhl zurückhalten oder in der Toilette absetzen können. Damit sie dies selbstständig durchführen können, müssen sie fähig sein, eine volle Blase und Druckgefühl im Darm zu erkennen. Anschließend gilt es zu lernen, sich zur Toilette zu begeben, sich auszukleiden, sich auf der Toilette zu positionieren und zu erleichtern. Danach kommen die Fähigkeiten, sich zu säubern, sich anzukleiden, die Spülung zu betätigen und die Hände zu waschen, zum Einsatz. Die Toilettenfertigkeiten, die Kinder erwerben sollen, sind nochmals im Überblick dargestellt:

- wissen, was Urin und Kot sind
- wahrnehmen, dass ein Bedürfnis zur Entleerung besteht
- zur Toilette gehen
- sich ausziehen
- sich auf die Toilette setzen
- sich entleeren, d.h. den Schließmuskel öffnen und anspannen können
- sich säubern, d.h. zuerst Penis oder Scheide reinigen und dann den Po von vorne nach hinten abwischen
- sich anziehen
- Spülung betätigen
- sich die Hände waschen

TRAINING DER TOILETTENFERTIGKEITEN

Damit ein Kind die Toilettenfertigkeiten bestmöglich erlernen und anwenden kann, bedarf es guter Rahmenbedingungen. Jedes Kind hat seine eigene Entwicklungsgeschwindigkeit. Daher soll das Training der Toilettenfertigkeiten auf die Bedürfnisse und Fähigkeiten des Kindes abgestimmt werden. Das Training der Toilettenfertigkeiten soll erst gezielt und schrittweise gestartet werden, wenn der Wunsch dazu vom Kind selbst kommt. Damit Kinder erfolgreich sein können, sind nachfolgende Aspekte zur Förderung der Sauberkeitsentwicklung zu berücksichtigen:

- Herstellung einer sauberen, angenehm riechenden und warmen Toiletten- bzw. Topfumgebung
- altersentsprechende Ausstattung der Toilette (Toilettenbrille, Möglichkeit zum festen Halt der Füße, wie z.B. durch eine Fußbank)
- Kenntnisse der Fertigkeiten, die Kinder beim Sauberwerden erwerben müssen
- eine Lernatmosphäre frei von Druck und Zwang schaffen
- Verzicht auf Drohungen und Abwertungen bei Ausbleiben von Erfolg
- Akzeptanz von Rückfällen
- Belohnung des erwünschten Verhaltens durch Lob und Anerkennung
- Ermutigung des Kindes, Neues zu lernen
- Vermittlung von Wissen zur Verdauung
- Sensibilisierung dafür, wie sich Pipi ankündigt (volle Blase, Druckgefühl, Notwendigkeit, den Po zusammenzuzwicken, wenn es nicht in die Hose gehen soll, unangenehmes Gefühl beim Lachen)
- Sensibilisierung dafür, wie sich Stuhldrang anfühlt (z.B. hart, weich, drängend, drückend)
- Vermittlung von Wissen zur Körperhygiene und Körperpflege
- Einführung regelmäßiger Toilettenzeiten nach den Hauptmahlzeiten und vor dem Zubettgehen

Der Erwerb der Toilettenfertigkeiten kann durch bestimmte Faktoren, Probleme oder Erkrankungen beeinträchtigt, hinausgezögert oder erschwert werden. Es handelt sich dabei um Auffälligkeiten des Verhaltens wie Einkoten*, Toilettenangst, Toilettenverweigerungs-Syndrom, Ein- und Bettnässen*. Darüber hinaus können eine Harnwegsinfektion*, Verstopfung oder Druck Kinder beim Erlernen der Toilettenfertigkeiten einschränken.

Optimale Kacke kann mit einer ausgewogenen, d.h. ballaststoffreichen Ernährung erzeugt werden. Eine ballaststoffreiche Ernährung enthält viele Vollkornprodukte, auch wird verschiedenes Obst und Gemüse gegessen. Eine ausreichende Flüssigkeitszufuhr ist hierbei sehr wichtig, da ansonsten das Risiko einer Verstopfung erhöht wird. Eine Verstopfung kann durch Essensunverträglichkeiten, durch Bewegungsmangel, zu ballaststoffarme Ernährung*, durch die Kombination von ballaststoffreicher Ernährung und zu geringer Flüssigkeitsaufnahme oder durch psychische Ursachen entstehen.

Eine Verstopfung kann Einkoten verursachen. Von Einkoten spricht man, wenn Kinder ihren Kot absichtlich oder unabsichtlich außerhalb der Toilette/des Topfes absetzen (z.B. in der Kleidung), und das in einem Alter, in dem sie bereits über die körperlichen Voraussetzungen zur Stuhlkontrolle verfügen. Gerade bei Kindern mit sehr dünnflüssigem Stuhl oder wechselnder Stuhlbeschaffenheit* kann eine chronische Verstopfung bestehen. Der flüssige Stuhl kann Eltern und Medizinern den irrtümlichen Eindruck vermitteln, dass es sich um Durchfall handelt. Bevor der Kot dem Kind in die Hose läuft, sammelt sich im Mast- und unteren Dickdarm harter Stuhl in großen Mengen an. Die Ausscheidung dieses harten Kotes wird von Kindern oft als schmerzhaft erlebt. Ursächlich dafür sind Einrisse im After, die durch die Anhäufung großer Kotmengen entstehen. Zur Vermeidung der Schmerzen halten viele Kinder den Stuhl zurück, statt ihn auszuscheiden. Dieses Vorgehen verschlimmert die Verstopfung und hat außerdem weitere negative Auswirkungen: Aufgrund der Stuhlmassen und des damit verbundenen Drucks auf die Darmwand erweitert sich die Darmwand. In dieser Phase können Kinder über Bauchschmerzen klagen. Auch kann das Problem auftreten, dass sie trotz des übervollen Darms keinen Stuhldrang verspüren. Das Kind merkt nicht, dass sich der aufgestaute Stuhl in Richtung After schiebt. Da jedoch im Rahmen der Nahrungsaufnahme und ihrer Verdauung immer wieder neuer Stuhl erzeugt wird, passiert es, dass sich der noch weiche Stuhl im oberen Teil des Dickdarms am hart gewordenen Stuhl vorbeidrängt und in die Hose rinnt.

Der Darm ist in diesem Moment vergleichbar mit einem Gartenschlauch, der durch einen Stein verstopft ist. Hier kann das Wasser sich nur zwischen Schlauchwand und Stein hindurchzwängen. Dadurch fließt nur ein Teil des Wassers durch die Öffnung. Bei dieser Form des Einkotens handelt es sich um das sogenannte Überlaufeinkoten. Diese Form der Enkopresis tritt somit durch eine Verstopfung auf und wird durch eine Stuhlzurückhaltung* verstärkt.

Die Stoffe, die normalerweise über den Darm rasch ausgeschieden werden sollten, bleiben durch eine Verstopfung länger im Darm und können beim Kind körperliche Beschwerden wie Müdigkeit oder Abgespanntheit erzeugen. Daher sollen Eltern in der Lage sein, erste mögliche Anzeichen für Verstopfung zu erkennen:

- Das Kind hat seltener Stuhlgang als einmal in drei Tagen.
- Der Kot kann hart oder köttelig/böhnchenartig sein.
- Das Kind kann trotz eines gefühlten Stuhldranges* nicht in der Lage sein, den Stuhl auszuscheiden.
- Das Ausscheiden des Kots kann schmerzhaft sein.
- Manche Kinder sprechen regelmäßig von Bauchschmerzen oder Schmerzen, die sie nicht zuordnen können.
- Der Bauch kann sich aufgebläht oder geschwollen anfühlen und schmerzen.
- Das Kind kann unter Appetitmangel leiden und sich außerdem müde und matt fühlen.
- Es kann mehrmals täglich zum Abgang sehr weichen Kots kommen.
- Oft wird mehrfach wöchentlich eingekotet, in Form von Kotspuren oder kleinen oder großen Mengen Kots in der Unterhose.

Der Erwerb der Toilettenfertigkeiten kann durch weitere Probleme eingeschränkt werden:

• Toilettenangst
Das Kind hat Angst, auf die Toilette zu gehen. Es fürchtet z.B. die Geräusche der Wasserspülung oder hat Angst vor Fantasie-Wesen im Abflusssystem, von denen es beim Absetzen von Kot und Urin von unten überrascht werden könnte.

• Toilettenverweigerungs-Syndrom
Ein Kleinkind uriniert in die Toilette, jedoch setzt es den Kot nur in eine Windel ab. Um von einem Toilettenverweigerungs-Syndrom sprechen zu können, muss dieses Verhalten mehr als einmal pro Monat auftreten.

- **Ein- und Bettnässen**

Ein- und Bettnässen liegt vor, wenn ein Kind über das 5. Lebensjahr hinaus – noch immer oder erneut – tags oder nachts in die Unterhose oder in das Bett uriniert.

- **Harnwegsinfektion**

Eine Harnwegsinfektion ist eine Entzündung der Harnwege*. Sie wird vor allem durch Bakterien verursacht. Durch eine solche Infektion wird das Urinieren meist schmerzhaft oder erschwert. Des Weiteren kann sich eine solche Infektion in sehr häufigem Wasserlassen mit nur sehr geringen Urinmengen äußern (Tröpfeln). Eine Harnwegsinfektion muss in jedem Fall ärztlich abgeklärt werden.

- **Druck**

Kommt der Druck von außen (z.B. Institutionen für Kinderbetreuung) und getrauen sich Eltern nicht, ihrem Gefühl zu folgen, ihrem Kind bei diesem Entwicklungsschritt noch etwas Zeit zu lassen, treten häufig Schwierigkeiten auf. Das Kind merkt, dass die Eltern gestresst sind und unter Druck stehen. Eltern mit überhöhten Anforderungen an ihr Kind neigen dazu, die Toilettenfertigkeiten zu früh vermitteln zu wollen. Dabei missachten sie die grundsätzlichen entwicklungspsychologischen Aspekte und den individuellen Entwicklungsstand ihres Kindes.

Treten Unsicherheiten, Zweifel oder Verdacht auf eine körperliche Erkrankung auf, ist unbedingt und unverzüglich ein/e Kinder- und Jugendfacharzt*/Kinder- und Jugendfachärztin* zu konsultieren. Werden psychische Belastungsfaktoren (z.B. Scheidung/Trennung, Tod eines Nahestehenden, Ängste, Sorgen) bekannt, die der altersadäquaten Sauberkeitsentwicklung im Wege stehen, wird das Aufsuchen einer auf Klein- und Vorschulkinder spezialisierten Beratungsstelle oder einschlägiger Experten (niedergelassene PsychologInnen, PsychotherapeutInnen) empfohlen. Ziel der ärztlichen, psychologischen bzw. therapeutischen Unterstützung ist es, ursächliche und aufrechterhaltende Bedingungen sowie bestimmte problematische Verhaltensmuster zu entdecken. Auf diese Weise können Eltern gezielt Einfluss nehmen (z.B. Toilettentraining, angenehme Atmosphäre auf der Toilette, Belohnungssystem*) und die Sauberkeitsentwicklung günstig beeinflussen.

TIPPS ZUR VERMEIDUNG VON STUHLZURÜCKHALTUNG

Eine Stuhlzurückhaltung ist zu vermeiden. Sie gilt als Mitverursacher für Verstopfung. Die Umsetzung folgender Empfehlungen kann das Stuhlverhalten positiv beeinflussen:

- gesunde Ernährung (viel trinken, Obst, Gemüse, ballaststoffreiche Kost)
- Vermittlung von Informationen zur Verdauung
- Förderung der altersentsprechenden Sauberkeitsentwicklung
- Sensibilisierung dafür, wie sich Stuhldrang anfühlt (z.B. hart, weich, drängend, drückend)
- Vermeidung von Zwang beim Erwerb der Toilettenfertigkeiten

- saubere, angenehm riechende und warme Toilettenumgebung
- altersentsprechende Ausstattung der Toilette (Toilettenbrille, Möglichkeit zum festen Halt der Füße, wie z.B. eine Fußbank)
- Einführung regelmäßiger Toilettenzeiten nach den Hauptmahlzeiten und vor dem Zubettgehen
- Verzicht auf Abwertungen und Drohungen bei Misserfolg oder ausbleibenden Veränderungen in der Sauberkeitserziehung
- Belohnung des erwünschten Verhaltens durch Lob und Anerkennung

Im Umgang mit einem Toilettenverweigerungs-Syndrom sollen alle Verhaltenstipps beachtet werden, insbesondere aber die Belohnung des erwünschten Verhaltens. Zudem empfiehlt es sich, dem Kind das Entleeren des Kots in die Windel unangenehm zu machen, indem man eine klare, zuvor mit dem Kind besprochene Konsequenz auf das Absetzen des Kots in die Windel folgen lässt. Das könnte zum Beispiel so aussehen, dass das Kind die Windel selbst entsorgen muss. Positive Folge des Kotabsetzens in der Toilette könnte eine extra Spielzeit mit einem Elternteil oder ein kleiner Beitrag ins Sparschwein sein, aufgrund der Ersparnis einer weiteren Windel. Besprechen Sie dabei Ihre Sorgen und Gedanken offen – jedoch dem Entwicklungsstand angemessen – mit dem Kind und vermeiden Sie die Ausübung von Druck und Zwang.

Gerade in Kinderbetreuungseinrichtungen ist das Trockensein von großer Bedeutung. Nasse oder kotige Windeln zu wechseln und/oder trockene (Unter-)Kleidung anzuziehen, gehört meist nicht zu den Aufgaben von PädagogInnen. Die Erfahrung zeigt, dass Kleinkinder immer wieder vorübergehend vom Kindergartenbesuch ausgeschlossen werden, bis sie sich die Toilettenfertigkeiten erfolgreich angeeignet haben. Das ist praktisch für die KindergartenpädagogInnen und BetreuerInnen in Tagesstätten, jedoch hat diese Regelung für das Kind unangenehme Auswirkungen wie beispielsweise die folgenden:

- Mutter und Vater stehen im Beruf und geraten wegen der noch fehlenden oder unzureichenden Toilettenfertigkeiten unter Druck. Der Druck äußert sich in Gereiztheit, abwertenden Bemerkungen über nasse oder vollgekackte Windeln oder Unterhosen sowie Schimpfen und das Androhen von unrealistischen Konsequenzen. Die Kommunikation der Eltern über das Kind geschieht defizitorientiert* anstatt ressourcenorientiert*. D.h. beim Kind wird ausschließlich darauf geachtet, was es nicht kann, wobei seine Fähigkeiten in anderen Lebensbereichen übersehen werden.

- Das Kind kann sich das zu seinen Ungunsten veränderte Elternverhalten nicht erklären und gerät in Gefühle von Unsicherheit, Hilflosigkeit, Traurigkeit, Ärger oder Wut. Reagiert es deshalb in einer sozialen Situation unerwünscht oder unpassend, erfährt es erneut Kritik von den Bezugspersonen.

- Die durch den Druck von außen verursachte konflikthafte Eltern-Kind-Kommunikation führt in weiterer Folge im Ernstfall zu einer Distanz in der Eltern-Kind-Beziehung.

- Fehlende Verbundenheit mit den Eltern verhindert die Teilhabe an einer anregenden Lernumgebung und lässt das Kind auch einen Mangel an Unterstützung sowie wertschätzender Kommunikation erleben.

- Diese schwierigen Bedingungen schränken wiederum die Entwicklung von Toilettenfertigkeiten ein, Fortschritte bleiben aus und Eltern wie Kind finden sich in einer verschärft angespannten Situation wieder.

Somit ist Druck von außen kein angemessenes oder hilfreiches Mittel in der Förderung von Toilettenfertigkeiten beim Kind. Aus diesem Grund sollen Eltern in der jeweiligen Kinderbetreuungseinrichtung um Hilfe bitten. Bevor weitere Schritte vereinbart werden, sind in einem gemeinsamen Gespräch diese Informationen auszutauschen:

- Konnte beobachtet werden, wann das Kind in die Hose machte?
- Hat das Kind in die Hose gepinkelt oder gekackt?
- Was ist dieser Situation vorausgegangen? (z.B. Nahrungsaufnahme, Konflikt, Stress)
- Konnte festgestellt werden, an wie vielen Tagen in der Woche sich das Kind nicht beschmutzt hat?
- Was war an diesen Tagen anders? Worauf haben die BetreuerInnen mehr geachtet?
- Was soll das Kind genau (positiv formuliert) lernen, um wieder willkommen zu sein?
- Wie können die Beobachtungen schriftlich festgehalten werden? (z.B. Tagesprotokoll)

Nach einer Probephase empfiehlt sich ein neuerlicher Austausch der wechselseitigen Beobachtungen. Dinge, die gut funktionieren, sollen beibehalten werden. Das, was sich nicht bewährt hat, soll keineswegs weitergeführt werden. Es bedarf einer Verhaltensänderung, welche neu zu entwickeln und zu vereinbaren ist. Damit berufstätige Eltern ihre Kinder auch bei einer Fremdbetreuung optimal unterstützen können, sollen sie sehr gut über die Ausscheidungsprozesse des Kindes Bescheid wissen.

Im besten Falle hat sich bereits ein für die Eltern nachvollziehbares Muster (wann, wie oft, wann nicht) entwickelt. Dieses Muster sollen die Eltern den BetreuerInnen unbedingt in der Übergangsphase von Windel bzw. Topf auf die Toilette mitteilen, damit diese das Kind an das Pipi machen und/oder Kacken erinnern können. Je flexibler die BetreuerInnen sind, je mehr sie den Entwicklungsstand des Kindes berücksichtigen und seine bereits verfügbaren Fähigkeiten anerkennen, umso leichter und rascher kann das Absetzen der Ausscheidungsprodukte am richtigen Ort erlernt werden.

Ob und wie genau ein Kind über das Pinkeln und Kacken Bescheid weiß, lässt sich einerseits durch die Beobachtung des kindlichen Verhaltens im Alltag feststellen. Wird das Kind stundenweise fremdbetreut, können zusätzliche wertvolle Informationen aus Beobachtungen von Tagesmüttern, KindergartenpädagogInnen oder Großeltern gewonnen werden. Andererseits ist es möglich, dem Kind dazu direkte und kurze Fragen zu stellen. Die Einleitung in das Gespräch kann so formuliert werden: „Mich interessiert, was du schon alles über Pipi und Kacke weißt. Darf ich dir ein paar Fragen stellen?" Danach können einfache Fragen zu den Toilettenfertigkeiten folgen. Die Reaktion des Kindes zeigt, ob es die Frage verstanden und ob es Interesse an der Beantwortung hat. Reagiert ein Kind durch Wegschauen oder Schweigen, soll nachgefragt werden, ob es die Frage verstanden hat. Wurden Verständnisschwierigkeiten ausgeschlossen, soll das Thema nicht weiter verfolgt werden. Denn das Verhalten des Kindes kann als Bedürfnis nach Ruhe oder fehlende Antwortbereitschaft aufgefasst werden.

Damit ein Kind gerne antwortet, bedarf es einer angenehmen Atmosphäre. Eine Situation, in der sich das Kind unter Druck gesetzt erlebt, ist unbedingt zu vermeiden. Eine richtige Beantwortung ist zu loben. Unklarheiten oder falsche Antworten sollen beachtet werden, da sie Auskunft über die Sichtweise des Kindes, sein Erleben, sein Verhalten und wahrgenommene kindliche Zusammenhänge vermitteln. Die Fragen: „Wie kommst du darauf?", „Wie das?", „Woher weißt du das?", „Warum ist das so?" können Eltern helfen, ihr Kind und den Ist-Stand beim Erwerb der Toilettenfertigkeiten besser zu verstehen. Folgende Wissens-Fragen können Bezugspersonen ihrem Kind zum Thema Pipi und Kacke stellen:

- „Was ist Pipi?"
- „Was ist Kacke?"
- „Welche verschiedenen Namen kennst du für Pipi?"
- „Welche verschiedenen Namen kennst du für Kacke?"
- „Wie merkst du, dass du pinkeln, kacken oder beides musst?"
- „Wie sagst du, wenn du pinkeln, kacken oder beides musst?"
- „Wem sagst du, dass du pinkeln, kacken oder beides musst?"
- „Wo gehören Pipi und Kacke hin?"
- „Wie machst du dich nach dem Pinkeln sauber?"
- „Wo machst du dich nach dem Kacken sauber?"
- „Wie putzt du dir nach dem Kacken den Popo, damit er blitzsauber ist?"
- „Wenn du in den Topf gepinkelt/gekackt hast, wohin gehören Pipi und Kacke dann?"
- „Wie kannst du Pipi und Kacke im Klo runterspülen?"
- „Warum sollst du nach dem Pipi machen und/oder Kacken deine Hände waschen?"
- „Wie kannst du dir in Notfällen das Pinkeln/Kacken verdrücken?"
- „Wieso ist es wichtig, regelmäßig zu pinkeln und zu kacken?"

GLOSSAR

ANMERKUNG: DAS GLOSSAR ERHEBT KEINEN ANSPRUCH AUF VOLLSTÄNDIGKEIT.

akustisch: Klänge, Geräusche wahrnehmen; hören.

Babypflege, natürliche: entspricht der Erziehungshaltung, keine Windeln zu verwenden. Dadurch wird Geld gespart, die Umwelt geschont und die emotionale Eltern-Kind-Bindung verstärkt. Das Vorhaben „Windelfrei" funktioniert, wenn vier Aspekte zusammenspielen: 1. Signale des Kindes/Babys, 2. Timing, 3. Intuition, 4. Kommunikation. Das Saubermachen geht ganz leicht. Mit einem Taschentuch kann der Po des Kindes geputzt werden. Da Kot und Urin sich nicht um den Po verteilen, bedarf es auch keiner Feuchttücher oder Wundcremes.

Bakterien: bestehen aus einer einzigen Zelle und können alleine leben. Sie vermehren sich durch Teilung. Es gibt nützliche Bakterien, z.B. die Darmbakterien. Andere Bakterien können Krankheiten auslösen. In der Medizin gibt es sehr wirksame Medikamente gegen Bakterien.

Belohnungssystem: Eltern schaffen Anreize, um beim Kind erwünschtes Verhalten häufiger auftreten zu lassen. Ein Punktesystem gibt Auskunft, wie oft das Kind bereits das erwünschte Verhalten gezeigt hat und ab dem wievielten Male es eine zuvor vereinbarte Belohnung erhält. Eine Belohnung kann z.B. sein: länger aufbleiben, eine doppelt so lange Gute-Nacht-Geschichte wie üblich vorgelesen bekommen oder eine längere gemeinsame Spielzeit.

Benzin: ist ein Kraftstoff, auch Treibstoff genannt, der für Fortbewegungsmittel (Auto, Schiff, Flugzeug) genutzt wird.

Blutfarbstoff: beschreibt im Blut gelöste oder in den Blutkörperchen konzentrierte Farbstoffe. Der Blutfarbstoff dient dem Transport von Sauerstoff, welcher von den Organen zur Aufrechterhaltung ihrer Funktion benötigt wird.

Bremsspuren: sind Spuren von Kot in der Unterhose.

Chemikalien: sind chemische Verbindungen, die durch chemische Verfahren erzeugt werden.

defizitorientiert: ist eine Denkweise, die sich beim Gegenüber auf in der Person liegende negative Fähigkeiten, Eigenschaften, Einstellungen, Wahrnehmungs- und Denkweisen konzentriert. Das bedeutet, dass den Fähigkeiten, die eine Person nicht beherrscht, deutlich mehr Beachtung geschenkt wird als den Fähigkeiten, die sie beherrscht.

Deponie: ist eine Anlage, in der Müll langfristig gelagert wird.

Eichel: ist eine Verdickung am vorderen Ende des Penis. Normalerweise ist sie von der Vorhaut verdeckt. Wenn der Penis steif ist, zieht sich die Vorhaut zurück und die Eichel liegt frei.

Einkoten: Der Fachbegriff lautet Enkopresis. Beim Einkoten setzen Kinder über dem 4. Lebensjahr ihren Kot absichtlich oder unabsichtlich außerhalb der Toilette ab, obwohl sie bereits über die körperlichen Voraussetzungen zur Stuhlkontrolle verfügen.

Ein- und Bettnässen: liegt vor, wenn ein Kind über das 5. Lebensjahr hinaus – noch immer oder erneut – tags oder nachts in die Unterhose oder in das Bett uriniert. Häufig finden sich in der Literatur verschiedene Begriffe. Tendenziell ist mit Enuresis das nächtliche Einnässen gemeint. Die Bezeichnung Einnässen untertags wurde vom Begriff „funktionelle Harninkontinenz" abgelöst.

emotional: beschreibt hier gefühlsbezogene Fähigkeiten.

Ernährung, ballaststoffarme: enthält wenige bis keine Vollkornprodukte sowie unzureichend Obst und Gemüse und somit weniger Nährstoffe.

Feststoffe: sinken zu Boden, nachdem sie sich in der Kläranlage aus dem Wasser abgesetzt haben.

Gitter: heißt in der Fachsprache Rechen.

Harnleiter: leitet den Urin von den Nieren in die Harnblase.

Harnröhre: Die Harnröhre beginnt am unteren Ende der Blase. Sie mündet beim Mann in der Eichel und bei der Frau im Scheidenvorhof. Die Harnröhre dient zur Urinausscheidung.

Harnwege: sind ein Oberbegriff für die Organe, die für die Weiterleitung und Ausscheidung des Harns zuständig sind: Nierenbecken, Harnleiter, Blase, Harnröhre.

Harnwegsinfektion: Eine Harnwegsinfektion ist eine zumeist durch Bakterien verursachte Entzündung der Harnwege. Sie äußert sich z.B. durch Schmerzen oder Brennen beim Wasserlassen und/oder einen häufigen Toilettendrang bei nur geringen Urinausscheidungen. Eine Harnwegsinfektion ist unbedingt ärztlich abzuklären.

Kanalisation: Das ist ein Röhren- und Tunnelsystem unter der Erde. In der Kläranlage wird das durch Kot und Urin verschmutzte Wasser wieder gereinigt.

Kinder- und Jugendfacharzt/Kinder- und Jugendfachärztin: ist ein/e Experte/Expertin für Kinderheilkunde. Er/Sie erkennt und behandelt Erkrankungen, Fehlbildungen sowie Entwicklungsstörungen von Kindern und Jugendlichen.

Kläranlage: Dort wird verschmutztes Wasser gereinigt.

Klärschlamm: Dieser entsteht durch die Reinigung des Abwassers. Klärschlamm setzt sich aus einer Mischung von Wasser und Feststoffen* zusammen.

kognitiv: beschreibt geistige Fähigkeiten.

Kot: ist ein anderes Wort für Stuhl, Exkremente, Fäzes, Mist. Optimaler Kot ist geformt, mittelfest und wird nach erfolgter Verdauung der Nahrung aus dem Darm ausgeschieden.

Mastdarm: ist ein Teil des Enddarms (und damit auch des Dickdarms). Im Mastdarm wird der Kot zwischengelagert, bevor er ausgeschieden wird.

motorisch: beschreibt die Fähigkeit, sich zu bewegen, den Körper einzusetzen (z.B. greifen, halten, fangen).

Nährstoffe: sind in der Nahrung enthaltene Stoffe, die der Körper gut verwerten und gebrauchen kann, z.B. Eiweiß, Fett, Kohlenhydrate oder Vitamine.

Niere: In der Niere wird der Urin gebildet. Sie ist ein bohnenförmiges Organ im Unterbauch, etwa in der Höhe der unteren Rippen. Die Nieren dienen der Entgiftung des Körpers, da über den Urin Abfall- und Giftstoffe aus dem Körper ausgeschieden werden.

optisch: meint sichtbare Dinge wahrnehmen, erkennen.

Penis: Der Penis ist ein äußeres Geschlechtsmerkmal des Mannes. Der Penis dient außerdem zur Ausscheidung des Harns. Für den Penis gibt es viele verschiedene Namen, zum Beispiel Glied, Pillermann, Schniedl, Schniedlwuz oder Zipfel.

Problemstoffsammlung: Umweltschädigende Abfälle (Farben, Lacke, Öle, Reste von Reinigungsmitteln, Medikamente) dürfen nicht in den Hausmüll gegeben werden und können im Recyclinghof abgegeben werden.

ressourcenorientiert: ist eine Denkweise, die sich beim Gegenüber auf in der Person liegende positive Fähigkeiten, Eigenschaften, Einstellungen, Wahrnehmungs- und Denkweisen konzentriert. Das bedeutet, dass den gelingenden, fähigen, funktionierenden Seiten einer Person deutlich mehr Beachtung als den negativen Seiten geschenkt wird.

Scheidenvorhof: ist der Bereich zwischen den Schamlippen und dem Scheideneingang.

Stuhl: ist ein anderes Wort für Kot.

Stuhlbeschaffenheit: beschreibt die Konsistenz des Kotes. Günstig ist ein nicht zu harter und nicht zu flüssiger Kot.

Stuhldrang: ist das Bedürfnis, kacken zu müssen.

Stuhlzurückhaltung: heißt in der Fachsprache Retention. Es bedeutet das aktive Zurückhalten von Stuhl. Das Zurückhalten von Stuhl kann eine Verstopfung mitverursachen.

Toilettenfertigkeiten: umfassen verschiedene Fertigkeiten, die Kinder im Rahmen der Sauberkeitsentwicklung erwerben sollten. Sie beinhalten die Kenntnis der Begriffe für Urin und Kot, den Ort der erwünschten Entleerung, das Wahrnehmen einer vollen Blase, eines vollen Darms, das Auskleiden, die Positionierung auf der Toilette, die Entleerung, die Reinigung der Ausscheidungsorgane von Kot und Urin, das Ankleiden, die Betätigung der Spülung und das Händewaschen.

Urin: ist eine von den Nieren gebildete Flüssigkeit, die über die ableitenden Harnwege ausgeschieden wird. Urin besteht zu 95 Prozent aus Wasser, außerdem enthält er Endprodukte des körperlichen Stoffwechsels und Gift- bzw. Fremdstoffe.

ANSPRECHPARTNER

Der Erwerb der Toilettenfertigkeiten ist für Jungen und Mädchen manchmal eine äußerst schwierige Sache. Als Eltern sind Sie gefordert, Ihr Kind mit viel Liebe, Zuwendung und Fingerspitzengefühl bei diesem Entwicklungsschritt zu begleiten.

Bei Fragen wenden Sie sich an Ihren Kinderfacharzt/Ihre Kinderfachärztin. Unterstützung können Sie sich ebenso bei KindergartenpädagogInnen sowie bei auf Kleinkinder spezialisierten PsychologInnen oder PsychotherapeutInnen holen, welche Sie vorwiegend in Familien- und Erziehungsberatungsstellen antreffen. Die Kontaktadressen von in freier Praxis tätigen und auf Kleinkinder ausgerichteten PsychologInnen oder PsychotherapeutInnen erfahren Sie über die Psychotherapieverbände.

Informationen zu psychosozialen Angeboten oder ExpertInnen in Ihrer Nähe erhalten Sie bei Jugendämtern, bei der Gemeinde oder im Telefonbuch.

Darüber hinaus können Sie im Internet zum Thema Sauberwerden oder Sauberkeitserziehung Diskussions-Foren und Ratgeber-Seiten finden. Diese ersetzen jedoch nicht persönliche Gespräche mit ExpertInnen.

LITERATUR

Eder, S., Klein, D. & Lankes, M. (2013). Volle Hose. Einkoten bei Kindern – Prävention und Behandlung. Salzburg: edition riedenburg.

Herbert, M. (1999). Sauberkeitserziehung. Trainings für Eltern, Kinder und Jugendliche. Bern: Huber.

Kiphard, E.J. (2006). Wie weit ist ein Kind entwickelt? Eine Anleitung zur Entwicklungsüberprüfung. Verlag modernes Lernen: Dortmund.

Oblasser, C. & Masaracchia, R. (2013). Baby Lulu kann es schon! Das Kindersachbuch zum Thema natürliche Säuglingspflege und windelfreies Baby. Salzburg: edition riedenburg.

Remschmidt, H.; Schmidt, M.H.; Poustka, F. (2006). Multiaxiales Klassifikationsschema für psychiatrische Störungen im Kindes- und Jugendalter nach ICD-10 der WHO. Bern: Huber.

Hast du Lust auf noch mehr Lola?

Dann sieh dir dieses praktische Ringbuch doch mal genauer an:

Sigrun Eder, Daniela Klein,
Michael Lankes (Illustrationen)

Machen wie die Großen EXTRA

Das Mit-Mach-Heft für
Klo-Könige und Klo-Königinnen

Reihe „SOWAS!", Band 2 EXTRA

ISBN: 978-3-902647-87-0
40 Seiten • Ringbuch
EUR 16,90 [D] • EUR 17,40 [A]
im Buchhandel in D, A, CH

Früher hatte Lola ein Problem, sie wollte nicht aus ihrer Windel raus. Aber seit Lola zur Klo-Königin geworden ist, bleibt die Windel im Schrank und die Unterhose (fast immer) trocken und sauber. Und das findet nicht nur Lola richtig dufte!

Wie ist es mit dir? Trägst du noch eine Windel? Möchtest du lieber schöne, bunte Unterhosen anziehen? Dann ist dieses Mit-Mach-Heft mit Klo-Tagebuch für dich ideal! Es macht aus dir einen Klo-König/eine Klo-Königin, damit es auch bei dir heißt: Froh aufs Klo!

Übrigens: Wenn es bei dir ohne Windel noch nicht so ganz klappt, übe weiter. Irgendwann hast auch du den Dreh raus und das Klo wird dein Königsthron!

SOWAS!

Die Sachbuchreihe zu kindlichen und jugendlichen Spezialthemen
* Im (Internet-)Buchhandel in Deutschland, Österreich und der Schweiz *

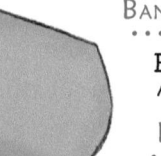

BAND 1: „VOLLE HOSE"

Einkoten bei Kindern: Prävention und Behandlung
Autorinnen: Sigrun Eder | Daniela Klein * Illustrator: Michael Lankes

BAND 2: „MACHEN WIE DIE GROSSEN"

Kacke und Pipi: Was Kinder und ihre Eltern
über Toilettenfertigkeiten wissen sollen
Autorinnen: Sigrun Eder | Daniela Klein * Illustrator: Michael Lankes

BAND 3: „NASSES BETT"

Nächtliches Einnässen bei Kindern: Prävention und Behandlung
Autorinnen: Sigrun Eder | Elisabeth Marte * Illustratorin: Hedda Christians

BAND 4: „PAULINE PURZELT WIEDER"

Hilfe für übergewichtige Kinder und ihre Eltern
Autorinnen: Sigrun Eder | Anna Maria Cavini * Illustrator: Jakob Möhring

BAND 5: „LORENZ WEHRT SICH"

Hilfe für Kinder, die sexuelle Gewalt erlebt haben
Autorin: Sigrun Eder * Illustratorin: Silvia Kettl

BAND 6: „JUTTA JUCKT'S NICHT MEHR"

Hilfe bei Neurodermitis – ein Sachbuch für Kinder und Erwachsene
Autorinnen: Sigrun Eder | Anna Maria Cavini * Illustratorin: Hedda Christians

BAND 7: „KONRAD, DER KONFLIKTLÖSER"

Strategien für gewaltloses Streiten
Autorinnen: Sigrun Eder | Daniela Molzbichler * Illustratorin: Evi Gasser

BAND 8: „ANNIKAS ANDERE WELT"

Hilfe für Kinder psychisch kranker Eltern
Autorinnen: Sigrun Eder | Petra Rebhandl * Illustratorin: Evi Gasser

Die Reihe wird fortgesetzt! www.editionriedenburg.at

edition riedenburg

Die Sachbuchreihe

Für alle Kinder, die einfach noch mehr wissen wollen.

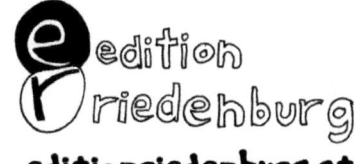

edition riedenburg

editionriedenburg.at

[1] **Mamas Bauch wird kugelrund** – Aufklärung, Sex, Zeugung und Schwangerschaft

[2] **Ein Baby in unserer Mitte** – Geburt, Stillen, Babypflege und Familienbett

[3] **Unsere kleine Schwester Nina** – Stillen, Zahnen, Beikost und Babys erstes Jahr

[4] **Besonders wenn sie lacht** – Lippen-Kiefer-Gaumenspalte: Ernährung, Operation, Heilung

[5] **Das doppelte Mäxchen** – Zwillinge: Geburt, Stillen und Babys im Doppelpack

[6] **Das große Storchenmalbuch mit Hebamme Maja** – Aufklärung, Geburt, Babyzeit

[7] **Tragekinder** – Ursprung und Methoden des bequemen Baby- und Kindertragens

[8] **Mama und der Kaiserschnitt** – Kaiserschnitt, nächste Schwangerschaft und Geburt

[9] **Mini ist zu früh geboren** – Frühgeburt [in Vorbereitung befindlich]

[10] **Klara weint so viel** – Schreibaby [in Vorbereitung befindlich]

[11] **Lilly ist ein Sternenkind** – Verwaiste Geschwister und Trauer nach Verlust eines Kindes

[12] **Oma braucht uns** – Pflege alter Familienmitglieder [in Vorbereitung befindlich]

[13] **Oma war die Beste!** – Abschied nehmen, Sterben und Trösten

[14] **Unser Baby kommt zu Hause!** – Hausgeburt und Begleitung durch die Hebamme

[15] **Baby Lulu kann es schon!** – Natürliche Säuglingspflege und windelfreies Baby

[16] **Finja kriegt das Fläschchen** – Fläschchen geben und (teilweises) Stillen

Im (Internet-)Buchhandel in Deutschland, Österreich und der Schweiz

edition riedenburg
www.editionriedenburg.at

Ausgewählte Titel der edition riedenburg

Buchreihen

Ich weiß jetzt wie! Reihe für Kinder bis ins Schulalter

SOWAS! – Kinder- und Jugend-Spezialsachbuchreihe

Verschiedene Alben für verwaiste Eltern und Geschwister

Einzeltitel

Alle meine Tage – Menstruationskalender

Annikas andere Welt – Psychisch kranke Eltern

Aus dem Schmerz in die Freiheit – Missbrauch

Baby Lulu kann es schon! – Windelfreies Baby

Besonders wenn sie lacht – Lippen-Kiefer-Gaumenspalte

Bitterzucker – Nierentransplantation

Das doppelte Mäxchen – Zwillinge

Das große Storchenmalbuch mit Hebamme Maja

Das Wolfskind auf der Flucht – Zweiter Weltkrieg

Der Kaiserschnitt hat kein Gesicht – Fotobuch

Diagnose Magenkrebs ... und zurück ins Leben

Die Josefsgeschichte – Biblisches von Kindern für Kinder

Die Nonnenfrau – Austritt aus dem Kloster

Drei Nummern zu groß – Kleinwuchs

Egal wie klein und zerbrechlich – Erinnerungsalbum

Ein Baby in unserer Mitte – Hausgeburt und Stillen

Finja kriegt das Fläschchen – Für Mamas, die nicht stillen

Frauenkastration – Fachwissen und Frauen-Erfahrungen

Ich war ein Wolfskind aus Königsberg – DDR und BRD

In einer Stadt vor unserer Zeit – Regensburg-Stadtführer

Jutta juckt's – Neurodermitis

Klara weint so viel – Schreibaby

Konrad, der Konfliktlöser – Konfliktfreies Streiten

Lass es raus! Die freie Geburt

Lilly ist ein Sternenkind – Verwaiste Geschwister

Lorenz wehrt sich – Sexueller Missbrauch

Luxus Privatgeburt – Hausgeburten in Wort und Bild

Machen wie die Großen – Rund ums Klogehen

Maharishi Good Bye – Tiefenmeditation und die Folgen

Mama und der Kaiserschnitt – Kaiserschnitt

Mamas Bauch wird kugelrund – Aufklärung für Kinder

Manchmal verlässt uns ein Kind – Erinnerungsalbum

Meine Folgeschwangerschaft – Schwanger nach Verlust

Meine Wunschgeburt – Gebären nach Kaiserschnitt

Mein Sternenkind – Verwaiste Eltern

Mini ist zu früh geboren – Frühgeburt

Mit Liebe berühren – Erinnerungsalbum

Mord in der Oper – Bellinis letzter Vorhang

Nasses Bett – Einnässen

Oma braucht uns – Pflegebedürftige Angehörige

Oma war die Beste! – Trauerfall in der Familie

Pauline purzelt wieder – Übergewichtige Kinder

Regelschmerz ade! Die freie Menstruation

So klein, und doch so stark! – Extreme Frühgeburt

So leben wir mit Endometriose – Hilfe für betroffene Frauen

Still die Badewanne voll! Das freie Säugen

Stille Brüste – Das Fotobuch für die Stillzeit und danach

Tragekinder – Das Kindertragen Kindern erklärt

Und der Klapperstorch kommt doch! – Kinderwunsch

Und wenn du dich getröstet hast – Erinnerungsalbum

Unser Baby kommt zu Hause! – Hausgeburt

Unser Klapperstorch kugelt rum! – Schwangerschaft

Unsere kleine Schwester Nina – Babys erstes Jahr

Volle Hose – Einkoten

Wann kommt die Sonne? – Lebertransplantation

Wenn der Krieg um 11 Uhr aus ist, seid ihr um 10 Uhr alle tot! – Schulprojekt zum ehemaligen KZ-Außenlager Obertraubling

Bezug über den (Internet-)Buchhandel in Deutschland, Österreich und der Schweiz.